Il suicidio in famiglia

Una morte che segna le vite

Camilla Serena

Author: Camilla Serena

ISBN: 978-1-63902-287-8

Title: Il suicidio in famiglia. Una morte che segna le vite

Cover image: www. pixabay.com

Generis Publishing
Online orders: www.generis-publishing.com
Orders by email: info@generis-publishing.com

Indice

Introduzione..**3**

Capitolo 1

Teorie cliniche sul lutto

1.1 Sigmund Freud..7

1.2 Melanie Klein...8

1.3 John Bowlby: attaccamento e perdita..9

1.4 Teorie sistemiche- relazionali 11

1.5 Francesco Campione: elaborazione del lutto 14

Capitolo 2

Il lutto per suicidio come evento intrapsichico , interpersonale e sociale

1.1 Cenni storici riguardo al suicidio e ai sopravvissuti..............................17

1.2 Lo stigma dei sopravvissuti in famiglia...19

1.3 Analisi del mondo psicologico del parente sopravvissuto al suicidio....21

1.4 Patologia del lutto: fattori di resilienza e di rischio..............................28

Capitolo 3

Il gruppo di auto mutuo aiuto come risorsa

1.1 Auto-Mutuo Aiuto: obiettivi e caratteristiche..35

1.2 Il ruolo del facilitatore nei gruppi e la metodologia del gruppo AMA....40

1.3 Fondazione Ariodante Fabretti e Associazione di Auto Mutuo Aiuto Milano, Monza, Brianza Onlus...43

1.4 Interviste a parenti sopravvissuti per suicido tramite il contributo dell'Associazione A.M.A Milano, Monza, Brianza Onlus...46

Intervista 1...47

Intervista 2...51

Intervista 3...54

1.5 Riflessioni e analisi dei dati raccolti dalle interviste ai sopravvissuti per suicidio..57

Capitolo 4

Cercare aiuto

1.1 Come sopravvivere al lutto: limiti e benefici degli interventi finalizzati all'accettazione del lutto……63

1.2 L'intervento psicoterapeutico per l'elaborazione del lutto……...65

1.3 Progetto SOPRoxi……..68

1.4 La terapia cognitiva-comportamentale……69

Conclusioni……..…… 71

Allegati……...80

Bibliografia……81

Introduzione

L'argomento che andrò ad affrontare sarà una presentazione e un'analisi del vissuto del lutto per suicidio da parte di un parente. Descriverò le caratteristiche del fenomeno in correlazione alle dinamiche e alle reazioni del contesto familiare. In particolar modo esporrò le diverse teorie riguardo al tema, di alcuni autori quali Freud, Melanie Klein, Bowlby, i vari teorici sistemici e, Francesco Campione, analizzando successivamente l'aspetto psicologico del "sopravvissuto", alcuni aspetti socio-culturali che hanno caratterizzato, anche tutt'ora, il modo di vedere il suicidio da parte della società, fino ad arrivare al concetto di stigma di chi rimane.

Nel primo capitolo esporrò le diverse teorie secondo i vari approcci riguardanti il processo di elaborazione del lutto e, come esso può diventare aggravato se non vengono superate le fasi per arrivare all'accettazione della perdita.

Nel secondo capitolo parlerò della reazione psicologica e del modo in cui la persona rimasta affronta la perdita, descrivendo il contesto storico fino ai giorni nostri di come veniva percepita la morte intenzionale e, lo stigma del sopravvissuto.

L'analisi della storia e della cultura riguardo a questo tema è importante, sia per capire come veniva vista la morte volontaria da parte della società e, sia per comprendere, anche da un punto di vista religioso, come venivano giudicati i sopravvissuti fino ai giorni nostri. Tale processo storico evidenzia lo sviluppo del nostro modo di percepire il suicidio, il quale, attualmente viene più accettato e capito rispetto al passato, dove veniva considerato un peccato o un crimine. Il cristianesimo come le altre religioni connesse al contesto storico-culturale hanno discriminato il suicidio, provocando l'emarginazione da parte dei sopravvissuti, portandosi con sé lo stigma di ciò che è successo, una particolarità che in alcune di queste esperienze ancora persiste. Oggi il suicidio è ritenuto come una conseguenza di circostanze e fattori specifici individuali o di stati mentali patologici. Esso è per alcune persone un argomento tabù. E' un tipo di morte che non tutti comprendono, il sopravvissuto in alcuni casi si sente marchiato, non capito. Emergono particolari sentimenti in questo tipo di lutto: la vergogna, la rabbia e, il senso di colpa. Ogni individuo fa un' esperienza distinta dalle altre, legata al contesto specifico. Ci sono molto fattori che vanno a incidere successivamente sul comportamento e sulla modalità di pensiero della persona in lutto. I componenti della famiglia che attraversano un esperienza di suicidio da parte di un loro parente, sono i sopravvissuti della vicenda. All'interno della famiglia le reazioni di ciascun individuo sono diverse e questo può provocare forti incomprensioni o conflitti. La perdita improvvisa, è violenta, inaspettata e dolorosa e, questo porta alle persone rimaste a pensare che potevano fare qualcosa per evitare l'accaduto. Il dolore psicologico che subentra dopo una morte di questo tipo, viene poi trasmesso ai parenti o agli amici della persona defunta. Dalla descrizione del vissuto psicologico del sopravvissuto si giungerà al lutto aggravato. Il processo di elaborazione è una fase molto delicata per la persona, una buona riuscita consente un recupero di chi è rimasto, però ci sono casi in cui chi è in lutto non riesce ad andare avanti. Spesso può divenire patologico, Quest'ultimo emerge molto spesso nei casi in cui la persona perde un caro per suicidio, proprio perché un tale fatto è difficile da accettare per chi rimane. Ciò dipende dalle risorse interne dell'individuo e, la resilienza gioca un ruolo importante.

Descriverò e analizzerò nel terzo capitolo, il contesto di intervento, riportando il polo dell' auto mutuo aiuto e il polo terapeutico. In particolare mi soffermerò sul primo descrivendone le caratteristiche, le finalità e, gli obiettivi. I gruppi AMA sono formati da persone sconosciute ma condividono aspetti e caratteristiche simili e condivisibili, con lo scopo di raggiungere un cambiamento che si teme di non saper sostenere o affrontare. Partecipare a un gruppo significa compiere uno sforzo individuale (auto aiuto) per rompere la solitudine e il silenzio con cui si vive in genere questo tipo di esperienza.

Presenterò due associazioni per il lutto, una di Torino e una di Milano; la Fondazione Ariodante Fabretti e l'Associazione di auto mutuo aiuto Milano, Monza, Brianza. Riguardo alla prima, grazie al contributo di una formatrice, parlerò delle origini e degli obiettivi della Fondazione, per poi arrivare al sostegno al lutto e all'organizzazione dei gruppi di auto aiuto all'interno di essa.

Svolgerò delle interviste ad alcune persone che hanno perso un loro caro per suicidio e, che hanno partecipato a questi gruppi.

Le interviste sono strutturate con domande guida per cogliere gli aspetti importanti di ciò che sto esaminando.

Lo scopo di queste testimonianze è quello di mettere in luce, attraverso esperienze personali, le caratteristiche peculiari del vissuto psicologico dei sopravvissuti e, in alcuni casi, i loro atteggiamenti successivi riguardo alla loro condizione createsi con lo stigma.

Gli intervistati sono persone che attualmente stanno partecipando al gruppo di auto mutuo aiuto tramite l'Associazione A.M.A. a Milano.

L'aiuto da parte del professionista verrà affrontato nel quarto capitolo, mettendo in luce le caratteristiche e la modalità di intervento che si diversificano dall'auto mutuo aiuto, non tralasciando i limiti degli interventi e le difficoltà nel cercare aiuto da parte di chi resta. L'intervento professionale varia in base al tipo di lutto che la persona vive. Nel caso in cui il lutto non è complicato è sufficiente una consulenza che gli permette un miglioramento in tempo breve, nel caso invece di lutto complicato o sindromi depressive di rilevanza clinica è necessario l'impiego di interventi psicoterapeutici e, a volte farmacologici. Descriverò la terapia della crisi emozionale e la terapia cognitiva comportamentale come interventi professionali maggiormente usati per questi casi.

Il lutto per suicidio è un argomento molto complesso e delicato, la cui osservazione e l'analisi delle caratteristiche e delle dinamiche che intercorrono sono importanti per cercare di prevenire il suicidio e per supportare, in modo adeguato, le persone che rimangono.

Capitolo 1

Teorie cliniche sul lutto

"Nella vita l'unica cosa certa è la morte,
cioè l'unica cosa di cui non si può sapere nulla con certezza"
(Soren Kierkegaard)

1.1. Sigmund Freud

Il concetto di lutto, nelle osservazioni freudiane, venne analizzata nel saggio *Lutto e Melanconia* del 1915. Il lutto fu utilizzato da Freud come una metafora per creare una teoria che potesse interpretare i fenomeni depressivi, in relazione non solo alla perdita di una persona cara, ma anche di un oggetto interiorizzato, in questo caso la figura interiorizzata di un'altra persona. La psicoanalisi mette in relazione la depressione (melanconia) con il lutto. La perdita di una persona cara, secondo Freud, crea una condizione di dolore nello stato d'animo della persona, dal quale si va a creare uno scarso interesse per il mondo esterno, dall'impossibilità soggettiva di accedere a un nuovo oggetto d'amore e dall'avversione per ogni attività che non si ponga in connessione con la memoria del defunto. Il fattore principale del pensiero freudiano è che il lutto è la condizione in cui la persona si allontana dall'oggetto perduto con il quale ha fatto degli investimenti libidici. Questo processo, è un lavoro faticoso per la psiche e, per questo motivo la persona lo evita. Ciò da la possibilità al soggetto di negare e distaccarsi dalla perdita della figura d'amore, continuando a mantenere un rapporto con il defunto attraverso la costruzione nel proprio mondo interno.

"*Quest'ultimo è l'oggetto sostitutivo con cui la persona si identifica e in seguito facendolo diventare parte del proprio Io. Freud propone una visione del lutto dove il processo psichico innescato della perdita determina un passaggio dal rapporto con l'oggetto all'identificazione con esso, dall'amore alla sua incorporazione*" (Aprea,2008, pag.12)[1] .

"*Freud non fa coincidere i disturbi depressivi (melanconici) con quelli del lutto, nel melanconico si manifesta qualcosa che nel lutto manca come una diminuzione dell'autoconsiderazione, un'impoverimento dell'Io. Nel lutto è il mondo diventato povero e vuoto, nella melanconia è l'Io stesso*" (Canevaro, 2005, pag.5).

[1] Cit. in: Sgarro M., *Il lutto in psicologia clinica e in psicoterapia,* Centro Scientifico editore, 2008.

Nei disturbi depressivi (melanconia), importante è il ruolo svolto dal narcisismo della persona e dalla sua incapacità ad accettare la perdita, ciò porterebbe ad una unione di tipo orale con l'oggetto perduto. L'Io melanconico si identificherebbe con l'oggetto incorporato vissuto come ostile perché abbandonino. Per questo motivo l'oggetto interiorizzato aggredirebbe l'Io attraverso l'istanza superegoica.

L'io della persona che sta attraversando un lutto, diventerebbe così il bersaglio delle accuse rivolte in origine all'oggetto con il quale si era identificato. Ciò causerebbe nella persona un crollo della stima di sé, il sorgere di autoaccuse e un bisogno di autopunizione. Secondo Freud queste reazioni sarebbero tentativi di unire la persona che abbandona. In *Lutto e melanconia,* viene visto da Freud, questa identificazione dell'oggetto perduto come una fattore predittivo del lutto patologico. L'approccio freudiano è importante perché distingue, da un punto di vi sta clinico, delle caratteristiche che riguardano il melanconico: la perdita dell'oggetto amato, il ritiro della libido dall'oggetto, la regressione narcisistica dell'Io alla fase orale, l'ambivalenza e la scissione dell'Io.

"*Disinvestimento, introiezione, regressione e identificazione sono meccanismi intrapsichici inconsci che diventano, nel pensiero freudiano, i cardini del funzionamento intrapsichico del processo del lutto*" (Aprea, 2008, pag.13-14)[2]

1.2Melanie Klein

La Klein focalizza l'attenzione sulla pericolosità di un crollo del mondo interno della persona che ha perso un caro. Ogni lutto dell'età adulta rievoca, nel periodo infantile, esperienze di separazione dalle figure di attaccamento. Il lutto scaturirebbe il sentimento di dolore che porterebbe a delle fantasie inconsce della perdita, non solo della persona amata, ma anche dei suoi oggetti buoni. Ciò provocherebbe un nuovo instaurarsi di una posizione depressiva caratterizzata da angosce, sensi di colpa e, da sentimenti di persecuzione da parte di oggetti interni cattivi. Tali fantasie persecutorie renderebbero difficile la costruzione di rapporti interpersonali capaci di offrire conforto. In una normale situazione di lutto, ripetendo ciò che il soggetto aveva passato nell'infanzia, sarebbe in grado di poter ristabilire una connessione con l'oggetto d'amore e, tutti gli oggetti buoni che teme di aver perduto con esso.

"*In questo processo si alternano fasi maniacali e fasi depressive il cui esito normale sarebbe dato dalla possibilità di accettare e integrare sia gli aspetti buoni che gli*

[2] Cit. in: Sgarro M., 2008, ***op. cit.***

aspetti cattivi della persona perduta. Nella visione della Klein l'elaborazione del lutto coinciderebbe con una ricostruzione del proprio mondo interno. Ciò risulta possibile solo se la persona è divenuta capace nella primissima infanzia di consolidare i propri oggetti buoni e sentirsi al sicuro nel suo mondo interiore." (Aprea, 2008, pag. 16-18)[3]. Durante il processo di elaborazione del lutto, il dolore può avere un risvolto positivo e produttivo, dopo che acquista maggiore sicurezza nel mondo interno. Il pericolo che la persona può andare incontro, è un difficile vissuto del lutto derivato dall'odio della persona amata che ha perso. Un modo in cui si può manifestare questo odio e attraverso il senso di trionfo sul defunto, il quale viene recepito come vittoria ma, dalla quale, insorge successivamente, un senso di colpa più forte.. Se l'odio nella persona in lutto prevale per l'oggetto d'amore perduto, esso rischia di trasformarsi in persecutore e, nello stesso tempo, la fiducia del soggetto nei suoi buoni oggetti interni viene a essere scossa. "*Ciò interferisce sull'idealizzazione, dell'oggetto d'amore interiorizzato, tappa essenziale sia del decorso del lutto sia dello sviluppo psichico. Riacquistando la fiducia negli oggetti esterni e nei propri valori, il soggetto che vive un lutto normale riesce lentamente a consolidare anche quelli della persona perduta. Così potrà essere possibile sopportare la non perfezione dell'oggetto interiorizzato mantenendo la fiducia e l'amore nei suoi confronti, superando in questo modo gli stati più dolorosi del processo del lutto*" (Aprea, 2008, pag. 16-18)[4].

1.3 John Bowlby: attaccamento e perdita

Attraverso la teoria dell'attaccamento Bowlby cerca di spiegare e analizzare la rottura dei legami affettivi dovuti a separazione, perdita e lutto. Nella sua teoria evidenzia l'esistenza di schemi pre-programmati che permettono all'individuo di ricercare la vicinanza protettiva di una figura di accadimento in situazioni di pericolo, la cosiddetta "base sicura". Questa tendenza si sviluppa da uno schema cognitivo innato che deve essere sviluppato dalla relazione che il bambino instaura con la figura di attaccamento, attraverso le esperienze che egli fa dopo la nascita. Queste conoscenze vengono interiorizzate e instaurate attraverso "modelli operativi interni". La teoria dell'attaccamento evidenzia la connessione del sistema innato di regolazione del comportamento interpersonale del bambino con le strutture cognitive che si vanno sviluppando nella rete di relazioni in cui è inserito l'individuo fin dall'infanzia.

---

[3] Cit. in: Sgarro M., ***ibidem***

[4] Cit. in: Sgarro M., ***ibidem***

Quest'ultimi sono schemi interpersonali che poi andranno a influenzare le esperienze successive lungo il ciclo di vita dell'individuo.

Le rappresentazioni d'interazioni in situazioni d'attaccamento hanno il potere di organizzare pensieri e ricordi e di guidare i comportamenti futuri, pertanto il comportamento di attaccamento, di per sé innato, si differenzia in funzione dell'esperienza e viene organizzato secondo un pattern sicuro, ambivalente, evitante e disorganizzato. Anche se i modelli operativi interni tendano a persistere e a rimanere stabili fino all'età adulta, ci possono essere dei cambiamenti nella considerazione di sé e nella qualità dell'attaccamento, dovute ad esperienze emozionali estreme come ad esempio la perdita di una persona cara. Nel pensiero di Bowlby importante è la tendenza alla ricerca della persona defunta da parte di chi ha subito la perdita insieme alla rabbia che questo prova per l'abbandono subito (Aprea, 2008, pag. 20)[5]. Nell'opera dell'autore, *Attaccamento e perdita* del 1980, vengono studiate i risvolti psicopatologici del lutto e i fattori psicodinamici cognitivi su cui si sviluppa la personalità e la possibilità o meno di affrontare in modo efficace la crisi generata dalla perdita.

Secondo il modello di Bowlby, l'elaborazione del lutto si articolerebbe in quattro tappe:

1. La fase dello *stordimento*, subito dopo la morte della persona cara. Può durare da un ora a settimane ed, è caratterizzata dalla presenza di dolore e rabbia molto intensa.
2. La fase di *ricerca e struggimento per la figura perduta,* dura da qualche mese a qualche anno. Si sviluppa la presa di coscienza del fatto accaduto, in cui da una parte l'individuo è consapevole della realtà e reagisce con angoscia e disperazione, dall'altra, allontana questa consapevolezza, cercando di recuperare la persona perduta continuando, così, anche in segreto dentro di sé, ad avere la speranza che tutto possa ritornare come prima dell'evento luttuoso. In questa fase insorge il sentimento di rabbia, la collera connessa a situazioni di separazione che conferisce alla persona abbandonata quella forza psichica e comportamentale per ritrovare e ristabilire un contatto con la figura di attaccamento. Solo dopo aver tentato di recuperare questo rapporto con il defunto e dopo aver accettato la perdita definitiva della persona cara, inizia a lavorare sull'elaborazione del lutto.
3. La fase di *disorganizzazione e disperazione,* conseguente alla necessaria ristrutturazione del proprio modo di sentire, pensare, agire dovuta all'assenza definitiva dell'altro. La confusione e lo smarrimento che caratterizzano questo

[5] Cit. in: Sgarro M., ***ibidem***

periodo portano, nello sviluppo normale dell'elaborazione della perdita, a una ridefinizione di sé stessi e della propria vita che prende atto dell'impossibilità di recuperare il defunto.

4. L'ultima fase è quella della *riorganizzazione.* In cui si strutturano nuove rappresentazioni interne adeguate alla realtà, percepita come irreversibile, generate dal cambiamento avvenuto nella vita di chi è sopravvissuto.

Queste quattro fasi sono tra loro sfumate, e nell'esperienza soggettiva si intrecciano e si sovrappongono di continuo secondo percorsi non lineari. La riorganizzazione comporta una rappresentazione aggiornata dell'immagine di sé, degli altri e del mondo, con un ritorno alle attività sociali esterne ed eventualmente anche con l'apertura a nuovi legami interpersonali.

Uno dei contributi principali di Bowlby nello studio delle conseguenze psicopatologiche riguardanti la perdita, sta nell'analisi delle reazioni dell'individuo di fronte al lutto, valutando gli impulsi che il soggetto attua per recuperare o per rimproverare la persona persa e il ruolo da essi svolto a livello psicopatologico. Il pensiero di Bowlby risulta importante, in particolare, nei modelli teorici del lutto perché sottolinea in campo analitico la centralità della relazione tra il soggetto che ha subito la perdita e le persone che hanno costituito e costituiscono le sue figure di attaccamento. Secondo l'autore la relazione interiorizzata con la figura di attaccamento/accadimento primaria diventa una dimensione intrapsichica costitutiva della struttura cognitiva del soggetto. Esperienze di allontanamento/separazione sono interazioni di tensione elevata che mettono in gioco e strutturano, fin dalla prima infanzia i modelli fondamentali che regolano l'attaccamento. Tali modelli tenderanno a ripresentarsi nelle reazioni in età adulta rispetto a una perdita significativa (Aprea, 2008, pag.23)[6] .

1.4 Teorie sistemiche-relazionali

"*Con la nascita della terapia familiare come disciplina complementare all'approccio individuale, si è arricchito il campo di ricerca e intervento, incorporando osservazioni e concetti internazionali e sistemici*" (Canevaro, 2005, pag.8). E' importante, nel modello sistemico, la focalizzazione sulle risorse della famiglia, risorse che si costruiscono nei rapporti interpersonali dei cicli familiari attraverso «compiti di sviluppo». Tra quest'ultimi, la capacità di affrontare momenti critici dell'esistenza, come la differenziazione, la separazione, la perdita, la sofferenza.

[6] Cit. in: Sgarro M.,2008, ***op. cit.***

Questa capacità viene appresa durante le esperienze all'interno della famiglia tramite regole, instaurate all'interno del nucleo familiare e lo stile di esso..

Il lutto viene considerato dal modello sistemico come una condizione naturale che fa parte del percorso di vita della famiglia, dove vengono attivati modalità di risposta che dovrebbero essere presenti negli individui e nei sistemi. Spesso questi meccanismi di risposta vengono ritardati da cause individuali, familiari o sociali. (Novara et al.,2011, pag. 7-8) .

"M. Bowen, nelle ricerche sulla sua " Family Systems theory", include lo studio de comportamento della famiglia di fronte a un lutto e rimarca l'esistenza di un'onda di shock emozionale che si diffonde intergenerazionalmente provocando disturbi psicopatologici nei suoi interagenti, che spesso ne ignorano l'etiologia" (Canevaro, 2005, pag.8).

J. Worden, con il modello dei compiti del lutto, riprese lo schema di Bowlby, modificando la prospettiva di base: evidenzia i singoli fattori nel processo di elaborazione del lutto come compiti da svolgere e non come fasi, l'individuo diventa attivo di questo processo e, non più passivo della sua esperienza di vita. Questi compiti si classificano come:

<u>*Compito 1: Accettare la realtà della perdita*</u>

In un primo momento si è incapaci di accettare la perdita di un nostro caro.

<u>*Compito 2: Attraversare i sentimenti del lutto*</u>

Appena si accetta la realtà della perdita è inevitabile che emergano una serie di sentimenti legati a essa e alla persona defunta. Non tutte le persone sperimentano con la stessa intensità e allo stesso modo, ma è impossibile perdere una persona a cui si è affezionati senza vivere delle emozioni.

<u>*Compito 3: Adattarsi a una vita senza defunto*</u>

Il terzo compito è quello di colmare il vuoto, che la persona cara ha lasciato nella vita quotidiana, nel proprio interno e nel senso che la persona da alla vita. La negazione del compito 3 consiste nel rifiuto di affrontare le richieste provenienti dalla vita quotidiana, nell'autosvalutazione e nel ritiro dal mondo. Non affrontare il compito dell'adattamento comporta il rischio di bloccare, la propria vita al momento della perdita.

Compito 4: Collocare il defunto in uno spazio nuovo e continuare a vivere

Emerge la consapevolezza di riniziare da capo e riprendere la vita da dove si è lasciata, mantenendo il ricordo del proprio caro.

Questo modello è un processo fluido e flessibile, in cui ciascun compito non deve seguire un ordine numerato, potendo così, sovrapporre o anticiparsi, ripetendo anche più volte quel tipo di compito (Krull, 2008, pag.97).

Parkes si dedicò in molte ricerche sul lutto, analizzando sia le reazioni normali sia quelle psicopatologiche, evidenziando i sentimenti che emergono dalla perdita di sicurezza, avvertita come minacciosa e fonte di uno stato di tensione e di allarme.

In un primo tempo i familiari del defunto possono comprendere la loro perdita a un livello e negarla a un altro. Questa fase appare caratterizzata da irrequietezza, perdita d'interessi, trascuratezza nell'aspetto esteriore e tentativi di ricerca della persona scomparsa. Successivamente la ridotta ricerca del defunto e l'aumento della consapevolezza della realtà della perdita determinano nei familiari in lutto l'emergere di sentimenti di inutilità, disorganizzazione e disperazione. "Secondo l'autore, chi ha subito la perdita rimane disorganizzata finchè non iniziano a comparire nuovi modelli d'interazione e non vengono stabiliti nuovi obiettivi che per essere conseguiti non necessitano più dell'azione reciproca del sopravvissuto con il defunto" (Aprea, 2008, pag.25)[7]. "*Parkes insieme a Bowlby, adotta un approccio etologico al lutto che pone le sue basi nella teoria dell'attaccamento. Secondo tale approccio la morte rompe il legame di attaccamento che risulta essere fondamentale, alla base della vita relazionale*" (Cazzaniga, 2002, pag.338).

Nancy Moss mette a confronto gli studi di Worden sui sintomi e compiti per la risoluzione negli individui con il lavoro di Goldberg sulle reazioni e compiti familiari quali:

- comunicare il riconoscimento della morte;
- consentire l'avverarsi del processo del lutto;
- Rinunciare alla presenza della persona scomparsa;
- Riallineamento dei ruoli intrafamiliari;
- Riallineamento dei ruoli extrafamiliari.

Moss idealizza un modello integrato di lutto familiare, in cui entrano in relazione l'aspetto individuale e quello familiare, evidenziando la loro interazione e i compiti divisi. L'autore indica come punto di partenza l'evento di morte e le sue

[7] Cit. in: Sgarro M.,2008, ***op. cit.***

caratteristiche (tipo di morte, età del soggetto, la causa, la modalità essendo le peggiori quelle per incidente e per omicidio-suicidio). Le reazione all'evento si realizza a seconda delle percezioni cognitive del filtro individuale che dipende a sua volta dal (Canevaro, 2005, pag.8):

A) Funzionamento della famiglia nucleare (patterns interazione, stile di comunicazione, aperta espressiva o chiusa disfunzionale, la flessibilità dei ruoli e finalmente le frontiere più o meno permeabili del sistema emozionale).

B) Storia familiare (esperienze precedenti di lutto, regole generali dell'espressione emozionale, credenze religiose e differenze di genere).

C) Condizionamenti culturali che determinano che cosa è accettabile in termini di lutto (la culturale generale, il background etnico e la comunità locale con le sue usanze.

Questo porta alla condizione in cui il sistema familiare percorre a feed.back questo processo, cambiando le interazioni familiari, modificandole continuamente e cambiando così le reazioni al lutto e, le strategie per affrontarlo. Questo consente un cambiamento attraverso il tempo.

Questo arriva nelle percezioni del singolo membro della famiglia le quali, insieme a quelle degli altri parenti, evidenziando i patterns d'interazione familiare. Quest'ultimi costituiscono le reazioni emozionali, fisiche e comportamentali al lutto, reazioni cioè, condivise ("buttarla dietro alle spalle" o "riempire il vuoto"), che insieme alle strategie familiari per affrontare l'evento (strumentali per continuare a vivere e riorganizzazione e reinvestimento in altre relazioni) costituiscono i modo per elaborare il lutto (Canevaro, 2005, pag.8).

1.5 Francesco Campione: elaborazione del lutto

Secondo la teoria esistenzialista del lutto, con la morte di un proprio caro entra in crisi il senso della vita, Campione espone una definizione quale: "il lutto è una crisi della presenza cioè una crisi della vita umana, considerata non come vita meramente biologica o soggettiva ma vita fornita di un senso che noi stessi abbiamo edificato e continuiamo ad edificare culturalmente con la nostra storia" (Cazzaniga, 2002, pag 338). Il fine nella elaborazione del lutto è quello di superare il senso di vulnerabilità, invivibilità o di non-senso dell'esistenza.

Le dinamiche più frequenti in comune a tutti i lutti sono raggruppate nelle seguenti fasi:

- la prima fase, va dalla non accettazione alla presa di coscienza della perdita e, la persona manifesta: shock, ritiro, apatia, incredulità, negazione, oscillazione tra negazione e realtà. Vengono utilizzati meccanismi di difesa nella manifestazione di queste reazioni per poter fronteggiare le emozioni troppo forti e allontanare il dolore e la sofferenza causata dalla perdita. A volte la persona utilizza un meccanismo di scissione difensiva in cui è consapevole intellettualmente di quello che è accaduto, ma non è ancora capace di accettarlo emotivamente;

- la seconda fase, è presente lo struggimento, dalla ricerca della persona defunta e dall'espressione dei sentimenti negativi. Rabbia, rancore e sensi di colpa associata ad aggressività e depressione sono molto presenti in questa fase.

Emergono frequentemente anche depressione, disorientamento e una disorganizzazione di sé con difficoltà ad andare avanti;

- la terza fase è l'utilizzo di meccanismi di riparazione con il recupero di una figura interiorizzata della persona perduta (a volte ridimensionata e idealizzata, ma non più investita di odio e di ambivalenza). E' attraverso la ripresa e la scoperta delle proprie risorse interne che la persona può riorganizzarsi la sua vita.

Queste fasi rappresentano il normale processo di elaborazione del lutto in cui la persona si trova a intraprendere. La distinzione tra lutto normale e lutto patologico risiede non nella qualità di queste reazioni appena descritte, ma nella intensità e nella durata del tempo di queste (Aite, 2002).

E' fondamentale, nell'analisi che propone Campione, capire il tipo d'identificazione in atto nel rapporto tra la persona che muore e quella che ne subisce la perdita. In base al tipo dimensione identificatoria prevalente nel legame, è possibile comprendere la modalità con cui la persona tenderà a elaborare il lutto per la perdita e quali sono i rischi più significativi che il processo attraverserà. **L'identificazione biologica** nel caso in cui le persone vivono la morte come un processo naturale legato dunque alla ciclicità della vita e alle sue trasformazioni. Se la morte con cui ci si confronta è violenta e improvvisa, è probabile che ciò costituisca un fattore di complicazione. **Nell'identificazione di tipo personale** il legame si struttura intorno al riconoscersi, al reciproco rispecchiamento e interiorizzazione dell'altro. In questo caso la morte porta alla separazione di un soggetto ritenuto unico e questo porta a una maggiore difficoltà ad accettare la perdita. Secondo l'autore in questi casi possono complicare il lutto i sentimenti di depressione e rabbia dovuti a un'attribuzione di colpa. Ne deriva che la crisi del lutto è considerata come percorso di recupero della parte perduta di sé nell'altro attraverso un processo di una sua reintegrazione psichica.

L'identificazione umana in questo caso è di fondamentale importanza mantenere un rapporto con gli altri, il lutto porta a sentirsi soli, la percezione dell'assenza dell'altro che può coincidere con un'assenza del sé.

Dunque è essenziale che il soggetto nel suo percorso di sofferenza possa cercare e trovare relazioni di comunione e condivisione profonda (Aprea, 2008, pag.26)[8].

---

[8] Cit. in: Sgarro M.,2008, ***op. cit.***

Capitolo 2

Il lutto per suicidio come evento intrapsichico, interpersonale e sociale

"Le previsioni dicono che ci sarà mare mosso,
ma stasera devo vedermela con i miei pensieri.
non conosco onde più terribili da affrontare." (JD 4)

2.1 Cenni storici riguardo al suicidio e ai sopravvissuti

L'analisi della storia e della cultura riguardo a questo tema è importante, sia per capire come veniva vista la morte volontaria da parte della società e, sia per comprendere, anche da un punto di vista religioso, come venivano visti i sopravvissuti all'interno del nucleo familiare, fino ai giorni nostri.

Tale processo storico evidenzia lo sviluppo del nostro modo di percepire il suicidio, il quale, attualmente viene più accettato e capito rispetto al passato considerato come peccato o crimine. Il cristianesimo come le altre religioni connesse al contesto storico-culturale hanno discriminato il suicidio, provocando l'emarginazione da parte dei sopravvissuti, portandosi con sé lo stigma di ciò che è successo, una particolarità che in alcune di queste esperienze ancora persiste. Oggi il suicidio è ritenuto come una conseguenza di circostanze e fattori specifici individuali o di stati mentali patologici.

Nell'epoca dell'Antico Testamento i suicidi non venivano considerati come crimini e quindi non da punire da parte della cultura o della religione. Gli atteggiamenti si irrigidiscono nei primi tempi della Cristianità. Gli stoici e gli epicurei consideravano giusto che l'individuo potesse scegliere come e quando morire. A Atene e a Tebe il suicidio non era considerato un crimine, ma chi commetteva l'atto di togliersi la vita, gli veniva vietato il rito funebre e la mano che aveva compiuto l'atto veniva tagliata. Il suicidio veniva visto da Aristotele un'azione contro lo stato e di mancanza di coraggio. La legge romana vietava il suicidio e negava agli eredi di prendere i possedimenti e le proprietà di chi si era suicidato. Le tradizioni ebraiche vietavano di pronunciare orazioni funebri e i parenti venivano delegittimati dal poter portare il lutto. Nella legge islamica, il suicidio è visto come un crimine al pari dell'omicidio, se non più grave.

Nel XV secolo per chi si uccideva la legge inglese combinava le pene ecclesiastiche con quelle secolari e l'atto di togliersi la vita era visto come un doppio crimine, contro Dio e contro il re, al suicida, al suicida veniva riservata una doppia punizione, negandogli la sepoltura in terra consacrata e confiscandogli i beni terreni che gli venivano assegnati al tesoriere del sovrano. Secondo alcune voci il cadavere veniva sepolto presso un bivio, con un paletto conficcato nel cuore, o buttato nella fogna o nella discarica della città. La proprietà, il titolo e i beni del defunto venivano tutti tolti dal re e la legge decretava che non doveva esserci nessun tipo di ricordo del defunto. La famiglia doveva lasciare la città umiliata, nascondendo il fatto e tenendolo per sé come un segreto vergognoso di essere dei sopravvissuti al suicidio.

Nel XVIII l'atteggiamento incominciò a cambiare. I giudici inglesi che avevano il compito di determinare le cause delle morti innaturali, cercavano di essere più indulgenti verso le vittime morte e vive. Il nuovo modo di vedere il suicidio non era più di vederlo come un crimine ma patologizzarlo. Trattare le vittime come pazze venne ritenuto una buona soluzione, in quanto venivano mantenute le sanzioni legali e religiose contro l'atto e, al tempo stesso, si andò a creare un senso di pietà nei confronti di questi sopravvissuti, da evitarli il senso di vergogna e la perdita economiche implicita nella pena. Si costituì una corte apposita per determinare se la vittima si trovava in uno stato di "insania" mentale e quindi era innocente, oppure aveva compiuto un atto criminale nei propri confronti e dunque, in quanto colpevole, soggetto alla confisca delle proprietà e alla profanazione del corpo. Improvvisamente il numero di morti registrate come folli aumentò notevolmente rispetto al numero di quelle registrate come suicidio, non esentando comunque i sopravvissuti dal marchio sociale del suicidio o dalle superstizioni e dai pregiudizi associati alla pazzia e all'insania mentale.

Durante il XIX secolo la visione del suicidio come crimine o peccato diminuì e si diffuse un modo di vederlo più di tipo medico: ricerche sulle influenze genetiche e teorie dell'ereditarietà cercavano identificare i sopravvissuti come soggetti a rischio proprio per il loro patrimonio innato.

Dalla metà del XX secolo anche queste teorie furono ampiamente tralasciate. Nonostante non fosse più punibile socialmente, il suicidio continuava a marchiare il nome della famiglia. Nell'epoca vittoriana, venivano ridotti i valori della proprietà e, i sopravvissuti erano costretti spesso a cercare di nascondere l'accaduto, organizzando rapidi e riservati funerali. Nel periodo fascista in Italia, durante il nazismo, in Germania e nei paesi comunisti il suicidio era ufficialmente sparito anche come diagnosi di morte, incompatibile con un'immagine di razza forte o perché espressione di infelicità in una società dove per definizione il popolo doveva essere felice. Il suicidio diventa facilmente un segreto di famiglia, una fonte di pettegolezzo dei vicini un possibile e un rischioso elemento di biasimo e d'isolamento sociale. I sopravvissuti spesso erano costretti a vivere con questo segreto vergognoso, intrappolati dai loto sentimenti di dolore, perdita e rabbia.

Negli anni Sessanta del Novecento, i membri del Los Angeles Suicide Prevention Center incominciarono a collaborare con l'ufficio Medico Legale, facendo colloqui con parenti e amici della persona suicida, per indagare dal punto di vista medico legale il motivo che aveva spinto a fare un atto del genere, prendendo coscienza delle condizioni individuali di ogni sopravvissuto e delle sue necessità. Nasce il termine, la disciplina e l'area d'interesse chiamata *postvention,* ossia tutte quelle iniziative con lo scopo di sostenere e affrontare il dolore dei familiari e delle persone vicine ai defunti suicidi, considerati ormai a tutti gli effetti vittime della scelta altrui di morire (Charmet, 2009, pag.293) .

2.2 Lo stigma dei sopravvissuti in famiglia

"Nella nostra società esiste nei confronti del suicidio una sorta di ***cospirazione del silenzio****, una* ***negazione della situazione****.. Il suicidio è una delle dieci principali cause di decesso nei paesi industrializzati, ma resta un soggetto tabù e le famiglie, spesso stigmatizzate, nascondono questa* ***"vergogna sociale"***" (Schutzenberger, et al., 2009, pag. 40). La causa viene così nascosta e fatta considerare come una morte accidentale o una malattia, infatti il numero dei suicidi è molto più elevato rispetto a quanto viene riportato dalle statistiche ufficiali.

La negazione e l'isolamento sociale, porta la persona a non poter esprimere le proprie emozioni, accrescendo quei sentimenti come il senso di colpa, che caratterizzano lo stato di sopravvissuto in caso di suicidio. Le famiglie vivono con la colpa di non aver potuto fare niente quando erano ancora in tempo, si sentono così anche perché credono di non aver fatto abbastanza per quella persona. Un altro fattore che va a inficiare sullo stato psicologico dell'individuo e il cercare di comprendere la causa del suicidio che rende più lungo e complicato il processo risolutivo di questo difficile lutto (Schutzenberger et al., 2009, pag. 40).

Questo tipo di lutto influenza il modo di rapportarsi agli altri e, ne è a sua volta influenzato. Il sistema familiare inoltre subisce un forte impatto. All'interno della famiglia le reazioni di ciascun individuo sono diverse e questo può provocare forti incomprensioni o conflitti. Tutt'oggi, il suicidio è un comportamento fortemente stigmatizzato. Il termine stigma (dal greco) fa riferimento ad un "segno" o un "marchio", un attributo dispregiativo.

Questo marchio nasce dal contesto sociale e relazionale; una determinata condizione può essere percepita attraverso forme diverse di pregiudizio, che sviliscono non solo le persone che ne sono interessate, ma anche il gruppo sociale di appartenenza.

L'individuo stigmatizzato presuppone che la propria diversità sia già conosciuta, o a prima vista evidente (concetto di individuo "screditato"), ma nello stesso tempo che non sia conosciuta dai presenti né immediatamente percepibile (concetto di "screditabilità").

Anche se oggi il suicidio, in occidente, non viene più considerato un crimine, nella società affiora dell'ambivalenza che emerge attraverso comportamenti più o meno apertamente stigmatizzanti.

Negli ultimi decenni è stato verificato che la stigmatizzazione e l'evitamento sono comportamenti comuni ai sopravvissuti al suicidio, portando così, a una diminuita possibilità che queste persone chiedano aiuto o conforto per la loro sofferenza.

Succede spesso che queste persone non vogliano l'aiuto offerto, probabilmente per vergogna; si sentono considerati diversi (auto-stigmatizzazione), e spesso fuggono dalla propria compassione.

Nasce così un circolo vizioso: i sopravvissuti provano una sensazione di vergogna e questo comporta un maggiore isolamento che incrementa la stigmatizzazione (Progetto Soproxi).

"*Molti autori concordano nel distinguere tre tipiche azioni che seguono ad un suicidio (sia all'interno della famiglia che all'interno della comunità):*

- *lo sviluppo della **colpa**;*
- *il bisogno di mantenere il **segreto sul suicidio** (in particolare coi bambini e con persone esterne alla famiglia);*
- ***l'isolamento sociale**.*

La reazione della famiglia dipende anche dalla relazione che vi era con la persona suicida. Il funzionamento della famiglia risulta profondamente compromesso in seguito al suicidio di un figlio; sovente si osserva una riduzione della coesione e dell'adattamento, che sono le basi per un buon funzionamento familiare" (Progetto Soproxi).

2.3 Analisi del mondo psicologico del parente sopravvissuto al suicidio

I componenti della famiglia che attraversano un esperienza di lutto per suicidio da parte di un loro parente sono i sopravvissuti della vicenda. La perdita improvvisa, come in questo caso un suicidio di un caro, è violenta, inaspettata e dolorosa e, questo porta alle persone rimaste a pensare che potevano fare qualcosa per evitare l'accaduto. Il dolore psicologico che subentra dopo una morte di questo tipo, viene poi trasmesso ai parenti o agli amici della persona defunta. In alcuni casi gli stessi parenti divengono a rischio di suicidio se non seguiti da un sostegno esterno insieme a un programma di assistenza adeguata.

E' emerso che il dolore che viene esperito dalla perdita di un caro per suicidio è insidioso e pervasivo, a tal punto da disgregare il nucleo familiare e causare ulteriori casi di morte dovute all'evento.

Il suicidio di una persona può anche portare a clusters di suicidio che si realizzano nell'ambito di un tempo limitato e in un certo ambito. Nei sopravvissuti molte volte emerge una mancanza del senso della vita che porta a non aver più speranza, creandosi un'ideazione suicidaria di chi è rimasto, disfacendosi del dolore mentale che li tormenta. I sopravissuti che sono stati messi a confronto con persona che hanno perso un caro per altra causa, si distinguono da almeno tre importanti elementi: il contesto tematico del dolore; i processi sociali che circondano i sopravvissuti; l'impatto del suicidio sul sistema familiare (Pompili, 2008).

Come evidenziato da Boewn, la reazione delle famiglie di fronte alla morte può realizzarsi attraverso due distinte modalità:

-sistema relazionale aperto

-sistema relazionale chiuso

Nel primo caso da la possibilità di vere un tipo di comunicazione aperta tra i membri della famiglia e con il mondo esterno, potendo così esprimere pensieri, sentimenti e fantasie interiori. Il secondo è un riflesso emotivo automatico che protegge il sé dall'ansia presente nell'altro.

Sulla base di questo riflesso molte persone dichiara di evitare discorsi diretti che possono turbare, rivivendo la perdita subita e il vissuto del lutto. Nel sistema relazionale chiuso i parenti in lutto, trovano il sostegno degli altri solo in un primo momento, potendo confidarsi dell'evento e potendosi sfogare apertamente riguardo alla propria sofferenza. Successivamente, però, i sopravvissuti percepiscono, l'incomprensione e la mancata volontà, da parte delle persone esterne, di ascoltare argomenti forti e sofferenti, come in questo caso il suicidio. (Marchetti, 2012, pag.4).

La famiglia è importante per sperimentare la propria esperienza del lutto. Ci sono contesti familiari dove la persona è maggiormente facilitata a percorrere un processo di elaborazione del lutto, dove la comunicazione è aperta. Mentre ci sono famiglie in cui insorgono maggiori difficoltà a parlare della perdita, perché vige un sistema relazionale più chiuso. Nel primo caso, ci sono maggiori opportunità che i membri della famiglia sviluppino un maggior adattamento, rispetto al secondo caso dove applicano un modello di negazione o soppressione dei sentimenti (Pangrazzi, 1991, pag25)[9].

Kurt Lewin introduce il concetto di "gruppo", definendolo come uno spazio dinamico in cui le persone interagiscono, dove si instaurano relazioni interpersonali di tipo affettivo, si riconoscono reciprocamente in un contesto condiviso e, si fondono in una comunità di esperienza definita "noi".

Questa esperienza si frantuma nel mondo psicologico di chi ha subito una perdita di un caro. Il suicidio non è solo un gesto di auto violenza, ma lo è anche nei confronti di chi continua a vivere.

E' un modo di agire violento, facendo così crollare sogni, speranze, progetti di chi sopravvive. Oltretutto non solo disintegra un universo di potenzialità, ma mette a rischio alcuni bisogni fondamentali e universali della natura umana, quelli che, per esempio, il teorico Henry Murray definiva di "affiliazione" e di "dipendenza". La morte di un caro è talmente inaspettata e cruenta che compromette questi bisogni (Loperfido, 2008, pag.256).

"*I primi si riferiscono a quella tendenza innata in ogni persona di andare verso l'altro, necessaria a stabilire rapporti di amicizia e collegamento, essenziale per lavorare a fianco di un altro alleato, fondamentale per collaborare e scambiare punti di vista. I secondi si possono soddisfare grazie all'aiuto affettuoso di un soggetto alleato, e sono essenziali per esser curati, sostenuti psicologicamente e moralmente, protetti, amati, consolati, indirizzati, favoriti, perdonati: nella vita, per poter continuare ad andare avanti è sempre necessario l'aiuto di qualcuno.*" (Loperfido, 2008, pag.256)[10].

Quando muore una figura di amore, in chi subisce la perdita, si va a creare la sensazione di non essere pensati, di non vivere nel cuore e nella mente di un altro,

[9] Cit. in: Pirillo C., *I gruppi di mutuo aiuto nel lutto*, Edizione Camilliane, 2010, pag 25

[10] Sgarro M., 2008, ***op. cit.***

sfociandosi in un sentimento di non esistenza e di non essere pensati. (Loperfido, 2008, pag.256)[11].

Il sentimento di colpa insorge spesso nelle persone che vivono questo tipo di lutto, a differenza di altri decessi in cui i cari non si sentono responsabili della morte, in quanto sopraggiunge per malattia, incidente o per vecchiaia. Questo sentimento sviluppa perché i sopravvissuti o le persone che avevano un minimo contatto con il suicida si domandano se avrebbero potuto in qualche modo evitare, ostacolare e quindi prevenire l'atto letale.

Solitamente le persone che affrontano un lutto sono sostenute e comprese e, generalmente ricevono compassione; non è lo stessa per chi vive un lutto per suicidio (Pompili, 2008).

"Un sentimento di facile riscontro nei sopravvissuti è la rabbia verso la persona deceduta. In altre parole, la persona che si è persa è anche l'omicida di se stessa, dunque è difficile non provare rabbia per chi è causa della perdita" (Pompili, 2008).

La scelta di suicidarsi crea nei sopravvissuti una difficoltà a immaginare momenti felici con chi è mancato, il quale avendo deciso volontariamente di togliersi la vita, priva in chi rimane la possibilità di condividere anche momenti lieti.

Questo aspetto insorge perché questo tipo di morte non è accidentale, il defunto ha deciso di non vivere più, scegliendo anche di terminare qualsiasi rapporto con i suoi cari. Questi sono in conflitto nell'accettare e rifiutare la memoria del suicida.

(Krull, 2008, pag.118).

"La volontarietà che caratterizza il suicidio lascia chi sopravvive di fronte a degli interrogativi, i "perché", " se avessi, se non avessi". Il suicidio è nella maggior parte dei casi un gesto, oltre che irreversibile, improvviso e imprevedibile". (Charmet, 2009, pag. 304) . La scelta di morire da giovani non è compresa culturalmente, senza trovare motivi sufficienti che hanno portato all'atto, questo crea nelle famiglie una condizione di dolore incontenibile o crea cambiamenti radicali che possono causare effetti devastanti. (Charmet, 2009, pag. 304) .

Le reazioni che ci possono essere dopo il lutto sono tante e di vario tipo. Influenzano sia la dimensione emotiva, cognitiva e comportamentale in forte connessione tra loro.

Tali manifestazioni possono essere classificate in tre categorie base: sentimenti, fenomeni cognitivi e fenomeni comportamentali. Non sono presenti solo queste

[11] Sgarro M., 2008, ***op. cit.***

reazioni ma dipende anche da tutti i fattori che influenzano l'esperienza specifica di ogni persona.

Pensieri: la perdita porta successivamente a pensieri incoerenti, insoliti e illogici potendo anche compromettere la propria salute mentale.

Pensare intensamente alla persona defunta. L'individuo pensa continuamente durante la vita quotidiana alla persona cara. Pensa a un mondo per riavere ciò che ha perso anche se è consapevole che non è possibile.

Allucinazioni. Anche le allucinazioni appaiono sovente nei primi tempi. Viene sentita la voce della persona defunta o sembra di vederla soprattutto nei luoghi abituali, familiari.

Avvertire la presenza della persona defunta. A volte succede di avvertire la presenza della persona defunta nel tempo e nello spazio. Di solito questa percezione è presente nel primo periodo dopo l'evento.

Incredulità, negazione della realtà. Nei primi momenti dopo la notizia, è come se la mente non fosse capace di elaborarla e integrarla nei propri schemi menatali.

Confusione. L'individuo non riesce a concentrarsi, si sente destabilizzato. Dopo la perdita, la propria mente deve essere riorganizzata e inserire la nuova informazione in contrasto con quelle precedentemente acquisite.

Comportamenti

I comportamenti sembrano insoliti, bizzarri, involontari, senza che la persona abbia un controllo su di essi e non riconoscendosi. A volte l'individuo non si sente più se stesso, perché il comportamento è l'opposto da quello che la persona tiene solitamente.

Ritiro sociale. La persona si isola, immersa nei suoi pensieri per il defunto, avendo, così, difficoltà ad avere rapporti con il mondo esterno. Perde interesse per la vita quotidiana, le uscite con gli amici e, si circonda soltanto di poche persone con le quali si sente a suo agio.

Evitare i ricordi della persona defunta. Probabilmente non ricordare può essere causato dal timore di essere sopraffatti dalle emozioni, ma evitandole viene impedito l'elaborazione del lutto e il proprio comportamento avrà delle conseguenze sulla propria vita.

Assenza mentale. Può succedere, a volte, che la persona dopo la perdita non si ricordi quello che è stato fatto, ad es. un tragitto in macchina, o a piedi, di arrivare a destinazione e di non ricordare niente del viaggio appena concluso. Questo può mettere in pericolo l'individuo e gli altri.

Recarsi in luoghi o portarsi appresso degli oggetti che ricordano la persona defunta. Questo tipo di comportamento si associa al bisogno di mantenere un contatto con la persona defunta. I luoghi o gli oggetti fanno riaffiorare gli eventi vissuti insieme, sentendo la persona mancata ancora vicina.

Sospirare. Il sospiro è un comportamento che ci viene spontaneo e sembra collegato alla mancanza di fiato che si sperimenta a livello fisico.

Disturbi del sonno. Nelle prime settimane dopo la perdita è piuttosto normale avere difficoltà ad addormentarsi, dormire più del solito o svegliarsi di soprassalto.

Sognare la persona defunta. L'illusione di poter stare con la persona defunta può portare a sognare lei. Se invece la relazione con questa non era buona prima della sua morte, allora è probabile che l'individuo rimasto possa fare sogni ambivalenti o incubi che lo tormentano anche da sveglio.

Cercare e chiamare. Può succedere che l'individuo cerchi o richiami, anche ad alta voce, la persona defunta.

Gli oggetti di collegamento. Questi oggetti possono essere stati del defunto o non, ma rappresentano comunque un ricordo al momento della perdita. Questo collegamento non influisce in modo positivo sull'elaborazione del lutto, ma anzi, tende a bloccarla. Infatti al momento che l'oggetto va perduto non è più in grado di assorbire il lutto. All'improvviso l'individuo viene sopraffatto dalle emozioni.

Sentimenti

Affaticamento. Possiamo sentirci stanchissimi, incapaci di affrontare qualsiasi sforzo fisico o mentale, anche se magari di solito siamo delle persone attive ed energiche.

Struggimento. E' fortemente presente durante i primi tempi, ma la nostalgia del passato, il desiderio inesauribile di poter stare ancora con la persona cara, poterle raccontare o vivere insieme a lei un evento particolare della nostra vita. Sono sensazioni che probabilmente ci accompagneranno per tutta la nostra vita.

Tristezza. La tristezza è quasi sempre presente, con modalità differenti di esperirla, in alcuni è più manifestata, in altri c'è più difficoltà o alcuni non riescono per niente a esprimere la propria tristezza con il pianto. Può essere vissuto come uno sfogo liberatorio o come una fatica, ma reprimere le lacrime possa essere dannoso.

Shock. E' la prima reazione di confusione o di intorpidimento che segue alla notizia di una morte inattesa. L'iniziale confusione da shock può trasformarsi in una sorta di anestesia, un'assenza di emozioni che si protrae nel tempo.

Rabbia. La persona si accorge di provare una rabbia preponderante, poiché non vi è stato niente da fare per impedire la perdita. Oppure si rende conto di essere arrabbiata con la persona defunta per averla lasciata sola. A differenza delle altre emozioni, sarà più difficile esprimere la rabbia perché viene considerato poco rispettoso verso la persona defunta o inadeguato di fronte agli altri sentendosi giudicato. Può accadere che la rabbia venga spostata dalla persona scomparsa su un'altra persona.

Paura. La paura può variare da una vaga insicurezza fino al punto di sentirci in preda al panico. I motivi per sentirsi spaventati sono vari, ma di solito, un timore è quello di non riuscire a farcela da soli, di non essere in grado di affrontare la vita senza la persona persa.

Senso di impotenza. Tutte quelle capacità che aveva la persona cara ora manca nella propria vita e creandosi la sensazione di non essere in grado di mobilitare le proprie risorse interne per imparare a fare le cose da soli. Queste sensazioni sono particolarmente schiaccianti nel caso della morte di un partner o di un genitore.

Senso di abbandono, solitudine. La persona si sente sola ed abbandonata dopo la perdita; gli manca i momenti passati insieme, l'intimità tra i due e le vecchie abitudini. Subentra la consapevolezza che tutto ciò non ci sarà più facendo affiorare così un senso di solitudine. Il sentirsi abbandonati è inevitabile.

Sensi di colpa e auto rimproveri. Di solito i sensi di colpa sono legati alle circostanze della morte. (Krull, 2008, pag.105).

"Le reazioni più diffuse e tipiche, conseguenti a un lutto per suicidio che influenzano fortemente la personalità del sopravvissuto, sono:

- *dolore e tristezza;*
- *colpa per i propri impulsi di rabbia e distruttivi;*
- *paura di diventare distruttivi;*
- *sentimenti di colpa per essere sopravvissuti;*
- *paura di identificarsi con le vittime;*
- *vergogna rispetto al sentimento di impotenza e di vuoto;*
- *paura di ripetere il trauma;*
- *intensa rabbia verso la fonte del trauma".*

(Charmet, 2009, pag.305).

Per la maggior parte della gente il tempo trascorre in fretta; in un processo di lutto, però, è molto lento. Ogni minuto lacera l'anima; non c'è medicina al mondo che possa lenire il dolore. (Roccatagliata, 2008, pag. 139)[12]

"*Il termine "cordoglio" è la risposta emotiva alla perdita di qualcuno o qualcosa. Si sviluppa al momento del distacco con la persona cara*" (Pangrazzi, 1991, pag. 21). Si sviluppa nelle reazioni personali che fanno seguito a un distacco. Si differenzia dal lutto per l'*intensità dei sentimenti*, in cui la morte di una persona, generalmente, provoca una reazione più profonda e prolungata nel tempo, *la definitività della perdita*, la morte di qualcuno conclude l'esperienza di contatto diretto; per altre perdite invece rimane sempre la possibilità di un recupero di ciò che si è perduto. Il normale processo per elaborare i sentimenti causati da un distacco di una persona cara si snoda in diverse vie (Pangrazzi, 1991, pag. 76):

- *la consapevolezza*
- *la comprensione*
- *l'accettazione*
- *l'espressione:* ogni persona sceglie la modalità più appropriata per incanalare i sentimenti.
- *l'integrazione*

"Anche se non c'è una risposta precisa su quando il sopravvissuto ha superato il suo cordoglio, in generale, si può affermare che la persona si sta riprendendo da un lutto quando sono presenti due segni quali (Pangrazzi, 1991, pag.83):

- *la capacità di ricordare e di parlare della persona amata senza piangere o smarrirsi;*
- *la capacità di stabilire nuovi rapporti e di reimmergersi nelle sfide della vita".*

Loperfido ha raccolto dei dati dalle storie di alcune persone, per l'analisi del vissuto da parte di un parente, in caso di lutto per suicidio e, si osserva come l'elaborazione del lutto dipenda da molti fattori quali: a) l'età del suicida, b) la fede religiosa, c) l'unione coniugale, d) la presenza di amici e parenti significativi, e) le proprie risorse interiori, f) il modo in cui, in passato, si sono affrontati altri lutti o altre perdite. L'autore cita tre fasi consecutive dopo la perdita :

- in un primo momento si vive in una condizione di oblio, d'incredulità, di stordimento. Il fatto che una persona amata non ci sia più nel tempo e nello spazio appare assurdo, irreale, perché è una esperienza nuova che va oltre la capacità di

[12] Cit. in: Krull S., *Come affrontare la perdita di una persona cara,* Edizioni IL punto d'Incontro, 2008

essere compresa. Nasce così il meccanismo di difesa che è la "negazione", un meccanismo che impedisce di accettare come vera una realtà dolorosissima che spesso implica sensi di colpa, viene negata una situazione troppo difficile da sopportare.

- Nella seconda fase, quella della "elaborazione", che è la più lunga e c'è molta sofferenza psichica. Si vive il suicidio come un atto aggressivo che ha distrutto un ruolo: non si è più coniuge, fratello, sorella, padre o madre. In questa fase si riscontra una "disgregazione del sé". I sensi di colpa tormentano i sopravvissuti non solo durante il giorno ma si presentano nel sonno attraverso incubi. Queste persone vivono in uno stato di perenne stanchezza e confusione, spesso si chiedono nel dolore e preferiscono stare lontani dagli altri. Frequentemente si sentono colpevoli di omicidio di un gesto che li fa sprofondare in un sentimento di vergogna nei confronti della gente. In questa fase, da parte del sopravvissuto, si cerca il contatto con la persona defunta.
- La terza fase è quella che viene definita è quella che viene definita di "compito del lutto", di accettazione e di adattamento. In questa fase c'è, da parte dei sopravvissuti, un recupero dell'organizzazione del sé, delle risorse interne, di nuovi equilibri relazionali; incominciano a credere che riusciranno a vivere anche senza la presenza fisica del loro congiunto. La vita viene affrontata da un'angolazione diversa. Il dolore viene affrontato adeguatamente, diventando un fattore di ripresa e di progresso personale (Loperfido, 2005, pag.153).

[...] possiamo amare coloro che sono venuti dopo, proprio perché abbiamo amato coloro che non ci sono più. (Francesco Campione)[13].

Questi eventi vengono considerati dai manuali diagnostici, traumatici, al di fuori consuetudini esperienziali della persona. Questo consegue al fatto che la persona, nel suo caso specifico, deve impegnarsi a livello affettivo a superare la soglia di tollerabilità è un'adeguata capacità di risposta in tempi utili *(Charmet, 2009, pag. 304).*

"Il livello di gravità dell'evento traumatico dipende dal grado di cambiamento nella vita del soggetto e dalla prevedibilità di esso considerando se:

1) la persona ha vissuto, è stata testimone o ha affrontato uno o più eventi che riguardano la morte sia essa reale o temuta o un danno grave o una minaccia per la propria integrità fisica o degli altri; 2) la risposta della persona è caratterizzata da un'intensa paura, da impotenza e da orrore. Nonostante il suicidio di una persona

[13] Cit. in: Loperfido A., Irti R., *La metamorfosi della sofferenza. Dopo il suicidio di un familiare*, EDB, 2005.

cara non sia esplicitamente annoverato tra le possibili cause per l'instaurarsi di un disturbo post-traumatico da stress, la causa e i sintomi prodotti sembrerebbero ben rappresentare questa categoria diagnostica" (Charmet, 2009, pag. 304).

2.4 Patologia del lutto: fattori di resilienza e di rischio

Esiste una condizione di lutto chiamata "lutto aggravato", il quale emerge molto spesso nei casi in cui la persona perde un caro per suicidio, proprio perché un tale fatto è difficile da accettare per chi rimane.

Il lutto aggravato è quella condizione in cui non c'è una evoluzione nella persona e il livello di elaborazione non prosegue verso un miglioramento.

Si possono distinguere quattro tipi di lutto aggravato.

Lutto esagerato
La reazione di lutto è sentita molto dolorosa e forte per il sopravvissuto. Le paure associate al fatto diventano esagerate, a tal punto da diventare fobie, spesso fobie della morte e di tutto ciò percepito come legato a esso. La disperazione e la tristezza si accentuano sempre di più, invece di alleviarsi nel tempo. Si ha la sensazione di non poter sopravvivere senza la persona mancata.

Lutto perenne
E' considerato molto lungo che può durare anche diversi anni. Chi lo vive è cosciente della condizione in cui si trova ma ha il timore di non essere in grado di uscirne con le proprie forze. Spesso queste persone si interessano per la reincarnazione, le sessioni spiritiche o la parapsicologia, portando avanti, così ,il loro lutto.

Lutto ritardato
Questo tipo di lutto non si manifesta in maniera conclamata subito dopo la perdita, ma emerge in un secondo momento, associata a un'altra perdita a distanza di tempo, anche di gravità minore. Emerge così una reazione all'evento che prima era stato represso. Il lutto ritardato viene compreso al momento che la persona manifesta reazioni emotive esagerate per l'attuale fatto collegandole alla perdita precedente.

Lutto mascherato
Non viene manifestato il dolore e tutte le reazione emotive nei confronti della condizione di lutto, ma attraverso meccanismi di difesa la persona si protegge dalle e mozioni e non esprime il dolore.

Depressione
La depressone può avere come con-cause tantissimi fattori diversi, tra i quali figura anche un lutto non elaborato. La persona depressa può non avere la consapevolezza che la sua condizione attuale di malessere potrebbe essere causato dalla perdita subita molto tempo prima. (Krull, 2008, pag.105) .

"Parkes indica una serie di indicatori predisponenti al lutto complicato (aggravato) quali:
difficoltà familiari preesistenti (Cazzaniga, 2007) :

1. *Conflitti familiari*
2. *Famiglia svincolata/disgregata*
3. *Famiglia rigida*

Assenza o inadeguatezza delle reti d'aiuto (formali: servizi, associazioni; informali: parenti, amici, ecc..)
Lutti precedenti
Assenza di lutto anticipatorio
Perdita di un bambino
Precedenti eventi stressanti significativi (aborti, separazioni, fallimenti, malattie, etc..)
Difficoltà nella relazione con il defunto quando era in vita
Dipendenza nei confronti del defunto quando era in vita
Sofferenza psicologica antecedente la perdita (depressione, ansia)
Repressione emotiva; disturbi psicosomatici
Vantaggi secondari nel mantenere il lutto"

I sintomi descritti da Bowlby nelle prime tre fasi del lutto normale emergono in quelle persone che vivono un lutto complicato. Sono chiuse in un cordoglio immodificabile e inconsolabile. Accanto al persistente struggimento, al dolore sono presenti i seguenti sintomi, di cui almeno quattro devono essere presenti per un periodo superiore a sei mesi con tale intensità da impedire il normale funzionamento sociale:

- stato cronico di agitazione e irrequietezza
- vuoto interiore e perdita di significato di ogni atto
- difficoltà a riprogrammare la propria vita senza la persona deceduta
- isolamento nel proprio dolore
- sentimenti di rabbia per la morte del congiunto
- perdita di ogni progettualità per il futuro
- difficoltà ad accettare la realtà della perdita
- mancanza di fiducia negli altri

E' stato dimostrato che il lutto complicato non causa solo disturbi psichiatrici ma anche altri di svariati tipi come l'abuso di tabacco e di alcool, ipertensione arteriosa, disturbi alimentari (Novara, 2007, pag.11).

Una morte traumatica, come nel caso di suicidio, può portare a un lutto traumatico di chi rimane. La perdita è talmente inaspettata e improvvisa che incide notevolmente sul vissuto psicologico del sopravvissuto, spesso con sentimenti di rifiuto e negazione.

Il lutto traumatico è collegato alla morte traumatica del defunto in circostanze improvvise e inaspettate. Tuttavia può definirsi traumatico, oltre che per il tipo di evento, anche per il vissuto psicologico, spesso con perduranti sentimenti di rifiuto negazione. La traumaticità può essere inoltre data dai seguenti aspetti: perché il sopravvissuto non ha le capacità cognitive per accettare il lutto, perché il legame di attaccamento era considerato indivisibile, in quanto si era sviluppata una dipendenza; perché dopo il lutto si sono verificati conflitti familiari, perdite e cambiamenti nel lavoro e nella rete sociale: perché i cambiamenti materiali e i problemi economici dopo il lutto sono stati notevoli.

Allo stato attuale si tende a diagnosticare un lutto traumatico quando sono presenti tre diversi tipi di sintomi connessi alla persona morta (pensieri, ricordi e immagini intrusive del defunto, ricerca disperata di lui/lei e forte senso di solitudine);

1. *Tristezza intensa, rabbia, rancore, invidia degli altri felici, persistenti sensazioni di sbandamento e di shock;*
2. *Senso di inutilità, futilità di ogni cos e del futuro, evitamento di attività/luoghi che ricordano il defunto, oppure ricerca ossessiva degli stessi* .

(Sgarro, 2008, pag. 40):

Di notevole importanza è il ruolo delle risorse individuali e ambientali del sopravvissuto in situazione difficili da fronteggiare come in questo caso il lutto. La resilienza è la capacità di resistere a una serie di eventi stressanti, come i lutti. Essa implica inoltre la capacità dell'individuo di mettere in atto gli apprendimenti delle sue precedenti esperienze per superare al meglio l'evento e l'ostacolo attuale. La resilienza e i fattori protettivi vengono visti come fattori in sviluppo, cosiddetti "*in progress*", flessibili a cambiamenti di fronte a situazioni avverse che si possono superare per evolversi in stadi più evoluti della propria esistenza. Accanto alla resilienza, il costrutto dell'*hardness,* inteso come tratti di personalità idonei a fronteggiare al meglio gli eventi stressanti, riveste un ruolo importante per quanto riguarda i lutti. Nei casi in cui una persona vive un lutto, soffre rispetto a ciò che gli è accaduto, ma nello stesso tempo fronteggia i problemi e le nuove realtà, aiutandosi anche con aiuti professionali, per poter superare la situazione di sofferenza. Presentano anche disagi psicologici post-traumatici, che comunque non si protraggono nel tempo. Sono state evidenziati alcuni fattori protettivi/ di resilienza e fattori di vulnerabilità/rischio, più comuni nei lutti (Sgarro, 2008, pag.44).

Fattori di vulnerabilità/rischio:

- malattie e problemi di salute già presenti nel superstite al momento dell'evento luttuoso;
- l'età anziana e l'appartenenza al sesso maschile sono apparsi fattori di rischio di gravi malattie, stili di vita insalubri, incidenti, ecc.., con esiti anche mortali, soprattutto nel primo anno post-lutto;
- i primi dodici-ventiquattro mesi dalla data dell'evento sono indicati come il periodo più difficile per la salute e il riadattamento;
- aspetti genetico-ereditari sia organici sia psicologici presenti prima del lutto che influiscono sullo stato di salute, il coping dopo l'evento, etc..
- il vissuto del lutto, di un genitore/figura di attaccamento ,in età infantile o nella prima adolescenza:
- l'aver vissuto, in età infantile o nella prima adolescenza, la morte o la perdita traumatica di un genitore/figura di attaccamento;
- la morte di un figlio è considerata più a rischio patogenetico di quella del coniuge a sua volta più rischiosa della morte di un genitore;
- forme di depressione e stati d'ansia già esistenti e disturbi di personalità che interferiscono con l'elaborazione efficace dell'evento;
- la mancanza di sostegni sociali, sia psicologici che materiali, adeguati a far fronte alla gamma di problemi aperti al lutto;
- l'ampiezza dei problemi e dei cambiamenti aperti dall'evento di perdita può gravare sui superstiti e rappresentare fattori di vulnerabilità;
- scarse risorse economiche a disposizione e di gravi problemi materiali ereditati dal defunto;
- l'eventuale scatenamento di conflittualità familiari e modificazioni del precedente assetto familiare;
- gli accumuli di lutti e di separazioni, abbandoni, perdite di vario tipo ecc.., avvenuti in arco di tempo, può modificare la resilienza e il coping post-lutto;
- il suicidio e la morte improvvisa/violenta di un parente/amico;

- l'appartenenza al genere femminile sembrerebbe essere un fattore di rischio per un'eventuale dipendenza da psicofarmaci dopo il secondo anno di lutto e in generale per una maggiore consultazione di medici e strutture sanitarie, sempre post- lutto;
- in alcuni casi, un lungo periodo di assistenza e di cure a un parente poi deceduto;
- un attaccamento affettivo forte con il defunto, verso il quale il superstite aveva sviluppato una forma di dipendenza psicologica/materiale e di ambivalenza;
- la morte di un fidanzato/coniuge in età ancora giovane.

(Sgarro, 2008, pag.45).

Fattori protettivi/di resilienza:

- avere risorse economiche per far fronte a eventuali problemi post-lutto.
- un partner che affronta con efficacia un lutto aiuta anche l'altro partner, per esempio anche nel caso della morte di un figlio, oppure di un genitore anziano, uno stretto parente ecc...
- avere una fede religiosa, aderire a ideologie politiche, culturali, umanitarie;
- contare su uno/più rapporti di sostegno sociale, su aiuti professionali, su riferimenti istituzionali di cura ecc.., importante è anche il sostegno di comunità e di gruppi informali;
- la percezione se stessi resilienti, l'aver fiducia nelle proprie capacità di coping dell'evento e il possedere una autostima piuttosto alta;
- avere un pensiero positivo, orientato sulla vita che fluisce, nei suoi cambiamenti;
- nei superstiti, l'appartenenza al sesso femminile è considerato un fattore di resilienza rispetto al rischio di morte nel primo anno di lutto e, in generale, anche molti anni dopo l'evento;
- visione dell'evento morte come causa di fattori esterni a sé, e spesso di forza maggiore, e non invece causato da fattori negativi inerenti a sé; ciò eviterebbe l'insorgere di sensi di colpa;
- avere interessi artistici, culturali, e sportivi, curare uno stile di vita salubre anche post-lutto;
- prima dell'evento luttuoso, l'aver sviluppato con la persona morta un rapporto caratterizzato da autonomia psicologica e comportamentale;
- avere dei valori di vita piuttosto stabili e positivi;
- avere una connessione con organizzazioni pro sociali;

(Sgarro, 2008, pag.45)

Viene incentivato, dalla psicologia positiva, un'attivazione di risorse reattive e adattive nei casi di difficoltà, sostenendo gli i fattori di resilienza prima citati, soprattutto le abilità interpersonali, l'orientamento verso il futuro il pensiero positivo e l'humor, la propensione verso una dimensione esistenziale più spirituale ed elevata (Sgarro, 2008, pag.45).

Capitolo 3

Il gruppo di auto mutuo aiuto come risorsa

"Una spirale che respira con la bocca e non si ferma mai,
un angelo che ci guarda
e sia fiero di noi."
Alice Gaia

3.1 Auto-Mutuo Aiuto: obiettivi e caratteristiche

Il Gruppo di auto- mutuo- aiuto (GAMA) è formato da un numero piccolo di persone che condividono le proprie esperienze, emozioni, sofferenze, condividendo lo stesso problema e si viene a creare, in base a questa condivisione, un' appartenenza al gruppo.

Sono gruppi di persone sconosciute ma condividono aspetti e caratteristiche simili e condivisibili, con lo scopo di raggiungere un cambiamento che si teme di non saper sostenere o affrontare.

Partecipare a un gruppo significa compiere uno sforzo individuale (auto aiuto) per rompere la solitudine e il silenzio con cui si vive in genere l'esperienza del lutto, recuperando una ritualità' di condivisione e di elaborazione comunitaria (mutuo aiuto) (Gruppo Eventi, 2011).

Normalmente il gruppo viene fondato da una persona che decide di condividere la propria esperienza con altre persone, offrendo un sostegno reciproco. Di solito il gruppo di auto aiuto viene condotto o da un membro all'interno o oppure viene affidato a turno a ognuno.

In questi incontri, ogni membro, avrà la possibilità di raccontare la propria esperienza passata e attuale, ricevere il sostegno degli altri dare sostegno e scambiare informazioni, consigli e aiuti concreti. Spesso i partecipanti del gruppo diventano punti di riferimento anche nella vita di tutti i giorni, al di fuori degli incontri formali (Krull, 2008, pag. 187).

" *Da quanto riportato da Cazzaniga, le organizzazioni di auto aiuto nascono da diverse fonti:*

1. **Volontariato:** *Associazione di volontariato che attivano al loro interno Gruppi AMA per soddisfare bisogni di persone alle quali l'Associazione si rivolge.*

2. ***Sistemi di supporto per l'auto aiuto***: *nascono da diverse organizzazioni delle reti formali di aiuto (Ospedali, Comuni, Imprese, ecc...).*

3. ***Organizzazioni di auto aiuto/ gruppi di pressione di auto aiuto:*** *alcune realtà di Gruppo traducono in organizzazioni di volontariato la loro struttura informale, costituendo le Associazioni AMA, in genere nella forma "Associazione Ombrello", cioè una associazione che raggruppa e offre aiuto a diversi Gruppi AMA. In genere, in stretta relazione con il territorio, hanno sviluppato su aree provinciali e/o interprovinciali. Esistono anche Coordinamenti regionali e nazionali, senza avere però, almeno sul territorio nazionale italiano, un organismo formalizzato"* (Cazzaniga et al.,2010, pag.15).

Il principio fondamentale dei gruppi AMA è di focalizzare la propria funzionalità attorno a processi specifici. Tale focalizzazione permette una solidità ai processi per la risoluzione dei problemi. La particolarità di questi gruppi sta nella creatività e nella'autonomia per la risoluzione dei problemi da parte dei membri, basta sulla comunicazione diretta e sull'aiuto. Gli obiettivi vengono prefissati dal gruppo, il quale detiene anche il compito di ideare strategie che possano portare a risultati. positivi.

Importante è il concetto di totalità del gruppo. L'insieme di tutti i componenti risulta più risolutivo per fronteggiare i problemi posti, rispetto al singolo individuo.

Il fattore importante che sta "nell'insieme" è l'enorme forza di tutti che condividono la propria esperienza, affrontando momenti complessi che si presentano all'interno del gruppo per ogni singolo individuo.

I gruppi di auto mutuo aiuto aumentano le opportunità di cura e riabilitazione dei componenti attraverso una suddivisione di compiti specifici. Una volta prefissati, inizialmente, gli obiettivi all'interno del gruppo, il coinvolgimento relazionale dei membri, il miglioramento delle condizioni fisiche e psicologiche, verranno individuati altri obiettivi in modo che la catena, createsi tra i membri, continui.

La posizione dei membri all'interno del gruppo diviene molto simile a quella del volontariato tradizionale con la differenza che l'esperienza si trasforma in risorsa. Inoltre le persone coinvolte nella gestione delle relazioni nei gruppi riescono ad analizzare meglio il rapporto esistente tra salute e soddisfazione soggettiva attraverso il confronto con altre situazioni ed esperienze degli altri membri del gruppo (Cazzaniga et al., 2010, pag.20).

Nel caso di chi è sopravvissuto a un suicidio, il gruppo gli permette di confrontarsi con chi ha tentato di togliersi la vita. Molto spesso le persone che perdono un loro caro in questa modo, si pongono spesso delle domande sul perché di un gesto simile, e la possibilità di entrare in rapporto con persone che hanno tentato di togliersi la vita, può dare delle risposte che non hanno potuto ottenere con il proprio caro.

Formulando domande sul perché del loro gesto, hanno così la possibilità di rivisitare gli stili comunicativi che hanno caratterizzato la loro relazione con chi lo ha compiuto. Il gruppo diventa dunque un luogo del dialogo mancato in precedenza, delle domande rimaste in sospeso, della rabbia per la delusione subita, della vergogna per non essere stati capaci di cogliere il grido d'aiuto del proprio caro. Il gruppo da la possibilità di parlare del proprio defunto, di rimproverarlo, di mostrare il dolore, di piangere, di ripassare la loro storia relazionale e affettiva. Il gruppo non si pone l'obiettivo di scrutare in profondità le dinamiche individuali o di modificare la personalità, ma di migliorare lo stato di salute emozionale e il benessere dei partecipanti. Questa esperienza da l'opportunità di elaborare strategie per non sentirsi responsabili di ciò che è successo e per staccarsi dall'influenza del ricatto morale che un tale gesto porta con sé. Inoltre ogni membro ha la possibilità di recuperare la propria forza interiore, iniziando a prefiggersi degli obiettivi e a darsi dei compiti, questo permette una conciliazione con il proprio defunto, affrontando così la sofferenza provocata dal ricordo. (Loperfido, 2008, pag. 265)[14].

Cazzaniga elenca e descrive, in maniera accurata, le principali caratteristiche dei gruppi AMA, quali (Cazzaniga et al., 2010, pag 30):

Origine spontanea: sono i cittadini a scegliere di formare il gruppo, per affrontare ognuno le proprie difficoltà, creando il gruppo indipendentemente dalla rete formale di aiuto. ***Volontarietà:*** la partecipazione del gruppo è volontaria. Nessuno è obbligato a partecipare a un gruppo AMA. E' importante mantenere la costanza di partecipare al gruppo, soprattutto all'inizio, quando sono presenti perplessità. ***Piccolo gruppo:*** i gruppi AMA da un minimo di ¾ persone ad un massimo di 10 persone. Un numero piccolo di partecipanti rende più facile l'interazione tra i soggetti, l'espressione dei sentimenti, la nascita e lo sviluppo del rispetto, della fiducia e del legame. ***Centrati su un Problema/Difficoltà/Esperienza:***

Gruppi del problema: sono quelli in maggior numero. Per problema si intende una malattia, un disagio che sia scientificamente che comunemente, viene considerato tale: mobbing, stalking, molestie sessuali, usura, pizzo, ecc... Spesso i problemi sono definiti dal corrispettivo diagnostico utilizzato dai professionisti: alcolismo,

[14] Sgarro M., 2008, ***op. cit.***

tabagismo, depressione, ansia, attacchi di panico, disturbi dell'alimentazione, gioco patologico, dipendenze affettive, malattia oncologica, HIV, ecc.. In altre situazioni si cerca, fin dalla definizione iniziate, di connotare il gruppo in maniera depatologizzante: uditori di voci, inserimento lavorativo protetto nell'ambito della salute mentale, alcune forme di diversabilità, ecc.. Nei gruppi AMA il problema non è una diagnosi.

Gruppi per Difficoltà: rappresentano una parte numericamente minore dei gruppi AMA. Per difficoltà s'intende un'esperienza della vita in cui ci sono dei problemi da fronteggiare riguardanti il come stare al mondo. Esempio: lutto, separazione-divorzio-genitorialitò, crisi di coppia, singoli, omosessualità, alcune forme di diversabilità, ecc.. I gruppi per problema e difficoltà hanno una frequenza settimanale.

Gruppi per Esperienza: si tratta di gruppi che nascono per la condivisione di alcune esperienze che non possono essere classificate nè "problema" nè "difficoltà". Spesso sono legati alla condivisione di alcune fasi del ciclo di vita.

Parità: i partecipanti di un gruppo AMA sono sullo stesso piano. Il fatto di condividere o di aver vissuto la stessa esperienza definisce la parità dell'appartenenza al gruppo. L'eventuale presenza nel gruppo di operatori/facilitatori che non condividono il problema/difficoltà introduce un elemento di complessità che va affrontato dal facilitatore nella relazione con il gruppo rispetto alla scelta di attivarsi in quella specifica esperienza. ***Hanno bisogni e obiettivi comuni:*** i membri di un gruppo AMA condividono i loro bisogni e sviluppano obiettivi di aiuto comuni agendo personalmente e reciprocamente, cercando le risorse all'interno del gruppo, nella rete dei gruppi, nella Comunità di appartenenza.

Esperienza/Competenza: chi partecipa a un gruppo AMA porta con sé la sua esperienza. Non è portatore di teorie, di metodologie di cura o altro. Nel confronto e nell'agire comune le esperienze si moltiplicano e arricchiscono. I partecipanti di un gruppo AMA divengono testimoni esperti.. Nel dare e ricevere reciproco si sviluppa il principio per cui aiutare aiuta tutte le persone in relazione. ***Orientamento all'Azione:*** i gruppi AMA sono gruppi di azione. Non sono gruppi di parola/discussione. I membri non si riuniscono per discutere e confrontarsi dei propri problemi, Le persone imparano e cambiano facendo. Uno degli scopi dei gruppi è quello di sperimentare nuovi stili di vita e di comportamento, nuovi modi di sentire e trasmettere i propri vissuti. Attraverso gli sforzi ed i successi conseguiti e condivisi in gruppo, la persona ha la possibilità concreta di aumentare la propria autostima e di credere nelle proprie risorse. L'energia e la forza che il gruppo è in grado di esprimere, sono sicuramente maggiori e più significative delle possibilità che ogni singolo partecipante ha a disposizione per affrontare il problema da solo. L'incontro di gruppo che è un momento di azione di gruppo, attraverso azioni nell'arco della settimana. Le azioni sono azioni semplici fanno parte di qualsiasi attività.. Vi sono poi azioni complesse come l'organizzazione di attività extragruppo per la promozione del gruppo e il lavoro dell'Associazione AMA. ***Aiutare è una Norma di Gruppo*:** dare un aiuto agli altri è una norma espressa e condivisa nel gruppo. Ognuno con la propria esperienza e competenza, attraverso il confronto, la condivisione e l'azione, trae aiuto per sé e per gli altri.

Il potere e la Leadership è su base pari*:**_ogni decisione, cambiamento e regole viene formulata, discussa e accettata democraticamente. ***Responsabilità: il coinvolgimento e la partecipazione in un gruppo AMA è individuale. La responsabilità è individuale. Nessuno in un gruppo AMA è responsabile per qualcun altro. Con questo significa che si è coinvolti nella relazione con l'Altro, ma non vuol dire averne la responsabilità della sua vita o di parte di essa. La persona stessa è importante come risposta sia per sé e sia per il gruppo. I componenti del gruppo hanno l'occasione di creare questa condizione verso sé stessi anche agendo all'interno del gruppo una responsabilità nel come partecipano, aiutando altri. ***Accessibilità*:**_i gruppi AMA sono gruppi aperti. Il gruppo deve essere facilmente accessibile. La persona che si rivolge al gruppo AMA deve avere l'opportunità di accedere direttamente nell'arco dell'incontro successivo al contatto. E' sufficiente condividere il problema/difficoltà per poter accedere al gruppo. Solitamente c'è un incontro iniziale da parte di uno/due partecipanti del gruppo un quarto d'ora/mezz'ora prima dell'introduzione al gruppo. Quest'ultimo oltre a essere accessibile, deve, prima ancora, necessariamente essere visibile e conosciuto. E' quindi importante sviluppare azioni di sensibilizzazione all'AMA e promozione del gruppo. ***Gratuita*:**_ la partecipazione ai gruppi AMA è gratuita. Non ci sono quote di iscrizione o di partecipazione per far parte di un gruppo AMA. ***Dimensione Spirituale*:**_ rappresenta la sacralità dell'incontro. Costituisce quella dimensione che si raggiunge nella relazione in gruppo, in cui le persone parlano delle proprie esperienze e ascoltano quelle degli altri.

La ritualizzazione dell'incontro di gruppo, attraverso la metodologia di gruppo, consente una migliore sintonia tra i partecipante sviluppando il legame (Cazzaniga et al., 2010, pag 30) .

3.2 Il ruolo del facilitatore e la metodologia del gruppo AMA

Il facilitatore riveste un ruolo importante all'interno dei gruppi, proprio perché, grazie alla sua esperienza e alla sua metodologia e, le sue capacità personali, consente la creazione del gruppo guidandolo attraverso la coordinazione degli incontri, la stimolazione dei partecipanti a parlare delle proprie emozioni, le difficoltà presenti in ognuno dei partecipanti e, le strategie per affrontare i problemi (Pirillo, 2010, pag. 53).

" *L'animazione del gruppo si realizza attraverso una duplice modalità:*

1. alcuni gruppi sono coordinati da professionisti;

2. altri da persone che hanno sperimentato in prima persona la problematica trattata e possiedono caratteristiche adeguate per la conduzione" (Pangrazzi, 2002,)[15].

Grazie al facilitatore, i gruppi di auto mutuo aiuto si attivano, vengono individuati le problematiche e i bisogni di ognuno, raccogliendo informazioni che consentono la creazione del gruppo. Ci sono posti dove si agevola la sensibilizzazione delle situazioni prese in considerazione. Questi luoghi possono essere: le comunità parrocchiali, le cappellanie ospedaliere che comunicano e divulgano l'iniziativa.

Il facilitatore deve avere delle caratteristiche quali: avere una buona motivazione a per poter rivestire questo tipo di ruolo, possedere capacità di ascolto e di accoglienza tenendo sempre in mente il compito per il quale è chiamato a fare, avere una buona conoscenza di sé che gli permette di capire e confrontarsi meglio con l'altro.

Perché si applichi in modo efficace il metodo del mutuo aiuto , il facilitatore dovrebbe essere attivo ma indiretto, poiché egli è l'animatore del gruppo e, quindi, ha il compito di favorire l'autonomia dei partecipanti senza imporre la sua presenza. Il facilitatore, oltre a possedere un'adeguata conoscenza di sé, deve avere anche una buona conoscenza delle esperienze luttuose, per comprendere ed affrontare meglio il suo ruolo; deve far crescere il dialogo, la spontaneità e la creatività tra i membri del gruppo, poiché nulla è standardizzato (Pirillo, 2010, pag. 53).

Il gruppo è caratterizzato dalla continuità degli incontri nel tempo. Ognuno può scegliere di entrare in qualunque momento. Il conduttore (facilitatore) permette di far conoscere i membri del gruppo tra di loro e si occupa dell'inserimento dei nuovi arrivati. La partecipazione attiva dei componenti e un ruolo paritario tra di loro è una delle metodologie del gruppo di auto mutuo aiuto.

---

[15] Cit. in: Pirillo C., *I gruppi di mutuo aiuto nel lutto,* Edizione Camilliane, 2010, pag. 53

La collocazione delle sedie, disposte a cerchio, permette la possibilità di guardarsi tutti e comunicare fisicamente alla pari.

Il facilitatore stimola tra le persone ad esprimere i propri sensi di colpa, le proprie emozioni e i sentimenti vissuti. Il confronto tra loro favorisce la riflessione e a riconoscere le manifestazioni del cordoglio nei diversi livelli quali: fisico, mentale, emotivo, spirituale; dopo che sono state espresse questi tre livelli, viene trovata la modalità per fronteggiare il problema, trovando delle alternative e, cercare di favorire un buon percorso per l'elaborazione al lutto.

L'aspetto positivo di questi gruppi è che consentono di ottenere un buon percorso terapeutico inteso come la possibilità di recuperare un benessere esistenziale, uno stato di benessere corporeo, mentale, sociale e spirituale.

"Essi conducono ad una unione interiore in quanto, per la perdita di una persona cara, si sperimenta la divisione lacerante del dolore nel proprio essere ed esistere, con la conseguente frantumazione dell'essere umano in se stesso, nei rapporti con gli altri e con Dio" (Pirillo, 2010, pag. 55).

Questo tipo di intervento per le persone che hanno perso un loro caro, da la possibilità di rielaborare il distacco subito, favorendo all'individuo di riconciliarsi, con la persona defunta e, riequilibrandosi tra fase del dolore e struggimento e quella dell'accettazione. Questo consente di distacco dall'esperienza luttuosa favorendo un investimento affettivo in nuove realtà valoriali. Tutto ciò ha l'obiettivo di riprendere la propria vita con spirito di iniziativa e poter dedicarsi a nuove attività.

"Il raggiungimento di tali obiettivi è il segno che è giunto il tempo di separarsi dal gruppo, di dire addio e di camminare sicuri nella propria vita, forti dell'aiuto ricevuto e dalle relazioni significative con gli altri partecipanti, per imparare a lottare e a riscoprire la speranza e la gioia" (Pirillo, 2010, pag. 55) .

Esistono differenti metodologie sul campo. Una di queste è una serie di incontri su un tema specifico, dopo di che, il gruppo di scioglie o decide di continuare. Questo può conseguire a una fase preliminare prima della formazione del gruppo AMA.

In Italia è tipica la figura del facilitatore/ servitore/operatore che si occupa di queste funzioni. Nella fase iniziale, prima dell'avvio del gruppo, è importante la presenza di una persona che abbia le competenze adeguate e una buona metodologia per condurre questi gruppi AMA almeno nei primi 6/12 mesi.

Importante è creare leader naturali a cui viene affidato le risorse del gruppo. Essenziale è focalizzarsi sulle funzioni del gruppo piuttosto che ruoli preordinati. I compiti all'interno dovrebbero essere di tutti i componenti. Questo consente un buon svolgimento del gruppo in cui tutti i membri vi partecipano attivamente (Cazzaniga et al., 2010, pag.40).

1) L'Auto Mutuo Aiuto nasce per la **condivisione di un'esperienza** della vita.
2) **Qualsiasi difficoltà** umana può trovare nei Gruppi AMA un adeguato aiuto.
3) I Gruppi di Auto Aiuto si offrono come aiuto concreto (azione) in un clima di solidarietà e **supporto tra pari.**
4) L'AMA si propone come **una forma di aiuto** non esclusiva. In molte realtà l'AMA si è rivelato un'ottima integrazione ad altre risorse presenti sul territorio.
5) I Gruppi AMA sono **gruppi aperti** a tutti coloro che hanno un'esperienza di difficoltà da condividere, sono un **servizio aperto alla comunità,** sono **gratuiti.**
6) **Valori** fondanti l'AMA sono: il **rispetto,** la **fiducia,** e il **legame.**
7) I Gruppi AMA hanno **un approccio di riferimento,** determinante **caratteristiche** e una **metodologia.**
8) Nei Gruppi AMA le **differenze** sono la principale fonte di apprendimento.
9) I Gruppi AMA Hanno **frequenza settimanale.**
10) I Gruppi AMA sono a**utonomi.** E' auspicabile che l'azione dei gruppi sia sinergica all'azione di aiuto di Servizi, Associazioni, Comuni, Ospedali, Parrocchie, etc. che spesso rappresentano i promotori e i sostenitori essenziali nell'attivazione e sviluppo dei Gruppi AMA.

Tabella 1. Decalogo per una buona prassi dell'AMA[16]

Ci sono ancora pregiudizi nei confronti di questi gruppi. Uno tra questi è la scarsa conoscenza che i professionisti e il volontariato hanno nei confronti di essi. Altre difficoltà in cui AMA va incontro sono:

Responsabili e irresponsabili: le principali difficoltà dei gruppi AMA sono legate al senso di responsabilità. Non risulta semplice il compito che AMA si prefigge di raggiungere.

[16] Cit. in: Cazzaniga E., Noventa A., *Manuale dell'Auto Mutuo Aiuto*, 2010, Edizione AMA Milano-Monza Brianza, pag. 38

Il facilitatore "Ingabbiato": ci può essere il rischio in cui alcuni compiti vengono affidati a una sola persona, il quale condivide l'esperienza per cui il gruppo si riunisce, con il rischio che questa persona si possa sentire intrappolato in questo ruolo. Di solito accade più frequentemente quando il facilitatore ha questo ruolo in modo permanente.

L'operatore dipendente: ci sono casi i professionisti diventono dipendenti dal ruolo che rivestono all'interno del gruppo, sentendosi responsabili del compito rivestito.

Difficoltà di implementazione dei gruppi AMA: è importante che la Comunità abbia una considerazione e una valutazione positiva di tale esperienza oltre a considerare i gruppi AMA come una risorsa importante per la collettività. Questo consente alla proliferazione di questi gruppi. Questo però non è scontato in quanto non sempre la comunità è veramente interessata a facilitare il processo di sviluppo e di aggregazione di questi gruppi

La gemmazione possibile: nel gruppo AMA è molto importante che ci sia un processo di crescita che possa permettere una buona relazione tra i membri come l'amicizia, la solidarietà, la condivisione, la fatica, il dolore e le esperienze reciproche. Un fattore strategico che favorisce questa crescita è la moltiplicazione dei gruppi (gemmazione). Questo è complicato e difficile. Spesso succede che i gruppi si sciolgono perché non è possibile la gemmazione, perdendo pian piano i membri.

Lascio o non lascio?! : succede molte volte che le persone lasciano il gruppo, sia quelli arrivati da poco e sia quelli che sono nel gruppo già da tempo. Quest'ultimi perdono la motivazione a rimanere e, il senso di appartenenza. Ci sono delle volte che il membro che partecipa da più tempo fa fatica a identificarsi con i problemi del nuovo arrivato. Ci devono essere stimolazioni nuove che diano un nuovo senso di appartenenza del gruppo per rinnovare il loro impegno e il loro specifico ruolo.

La persona anziana (da più tempo all'interno del gruppo) deve essere aggiornata e formata, in modo che sia in grado di accogliere le richieste del nuovo arrivato (Cazzaniga, et al., 2010, pag64).

3.3 Fondazione Ariodante Fabretti e Associazione di Auto Mutuo Aiuto Milano, Monza, Brianza Onlus

La **Fondazione Fabretti ONLUS** é nata nel 1999, per iniziativa della Società per la Cremazione di Torino, tramite i soci fondatori che si riunirono per creare la

Fondazione e, diventò come un organo indipendente dalla Società. Gli enti fondatori sono la Provincia, il Comune, l'Università degli Studi e la Società per la cremazione di Torino, successivamente si è aggiunta anche l'Università del Piemonte Orientale.

Il motivo è legato a due filoni quello della *riflessione sulla morte* e *quello sul morire* che maturano in senno alla Società per la Cremazione, quindi all'interno di quest'ultima. Negli anni' 90 si era creato un centro studi riguardo alla morte. Si incominciava a pensare a non vedere solo la cremazione sotto l'aspetto pratico ma anche con risvolti etici e culturali, creando un contenitore rituale che potesse arricchire questi momenti. L'idea era creare un alternativa laica in cui la cremazione non venisse accompagnata da una specifica religione.

La Fondazione nasce con un taglio storico, prima non si parlava di morte e, solo negli ultimi anni si è ritornati ad una riflessione sulla morte stessa, sull'accompagnamento al lutto, nel 2008 e, sull'accompagnamento alla morte.

Il progetto si fonda su uno sportello orientativo e di ascolto, che aiuta i dolenti che si rivolgono a esso a scegliere la migliore strategia per gestire meglio il proprio dolore: i gruppi di auto mutuo aiuto, il volontariato, un'eventuale terapia individuale.

Gli obiettivi della Fondazione sono stati e sono tre principali versanti di attività:

1. **Ricerca:** si è trattato di contribuire a rimuovere, attraverso la riflessione, le borse di studio, le pubblicazioni e gli eventi pubblici, le diffuse resistenze sociali che rendono difficile e complicato, per la maggioranza dei cittadini, affrontare l'idea della morte propria e altrui.

La ricerca è stata affrontata sia da un punto di vista storico che da un punto di vista sociale e cioè come viene simbolizzata la morte, come si pone la persona di fronte alla morte etc….

2. **Formazione:** dedicata a coloro che hanno un rapporto quotidiano con la malattia, la morte e l'estrema senilità, in ambito sanitario, socio-sanitario e funerario, pubblico e privato. La fondazione dispone di un'ampia biblioteca centrato sull'argomento della morte.

La formazione, inizialmente, aveva l'obiettivo di supportare persone che lavoravano in imprese funerarie. Successivamente anche operatori sanitari a diretto contatto con la morte, quindi la possibilità di aiutare queste persone a come gestire lo stress che rappresenta la perdita del paziente, come informare i parenti della morte del paziente etc.. Raramente i vissuti che l'operatore ha nelle situazioni di decessi vengono riportate nelle equipe. Da lì è nato un rapporto di collaborazione con la rete oncologica del Piemonte e Valle d'Aosta e con la Società italiana di cure palliative.

L'ultimo obiettivo della formazione è la divulgazione di materiale e di ricerche scientifiche riguardo all'argomento come ad esempio la bioetica e l'eutanasia.

3. **Sostegno al lutto:** attualmente è rivolto anche per i cittadini che devono affrontare la perdita delle persone care, basato su uno sportello d'ascolto che permette un orientamento e la frequentazione di gruppi di auto mutuo aiuto (questo impegno risale al 2008, progetto "Un aiuto per chi rimane").

Per quanto riguarda i gruppi auto mutuo aiuto, gestiti dalla Fondazione, sono quattro, a cadenza settimanale, per un'ora mezza, nella fascia oraria serale. Il mercoledì, ogni due o tre settimane, viene riunito un gruppo di genitori in lutto.

A mesi alterni vengono riuniti i facilitatori con la presenza di uno psicologo come supervisore e, una riunione intergruppi. Una volta al mese tutti i partecipanti dei gruppi si incontrano, dove c'è un professionista che guida l'incontro.

E' attiva una linea telefonica, che permette una prima presentazione del progetto della Fondazione ed è possibile fissare un primo incontro e, successivamente se la persona se la sente incomincia a partecipare al gruppo. Nel caso in cui la persona non sia adatta a un percorso di auto mutuo aiuto, viene consigliato di proseguire con un aiuto psicoterapeutico seguito da un professionista che la Fondazione può proporre in base a una sua rete di professionisti a disposizione.

Vengono organizzati dei convegni, a scopo culturale, dove vengono trattati argomenti presi in esami, con lo scopo anche di trasmettere delle informazioni in più sulla morte. Questi convegni sono aperti sia alle persone dei gruppi e sia a persone esterne.

C'è un corso di formazione per facilitatore in cui vi possono partecipare tutti.

Secondo una ricerca svolta dalla sociologa Debora Mantovani, in collaborazione con l'Università di Bergamo, è stato evidenziato che i gruppi di auto mutuo aiuto sono principalmente presenti nel Nord Italia. Questi gruppi nascono da problematiche di dipendenza da alcool e da tossicodipendenza, districandosi poi su altri tipi di problemi come disagio psichico, disturbi alimentari e disagio da malattie croniche fino ad arrivare al lutto che ha una parte minoritaria nei gruppi AMA. Il 66% dei gruppi sono presenti nel nord, sulle isole solo un 15, 4% e, nel centro il 18%.

Sul tema del lutto la fondazione riflette fin dal 2000. Ma nel 2008 tale riflessione ha condotto all'organizzazione di un **servizio di sostegno gratuito**, proposto per il momento a Torino e a Fossano, nell'ottica di creare una rete di supporto in tutto il

Piemonte per coloro che attraversano con difficoltà l'esperienza della perdita di un congiunto. Accolto con favore da varie realtà e istituzioni, e finanziato per Torino dalla Fondazione Cassa di Risparmio di Torino (Fondazione Fabretti).

L'Associazione AMA Milano, Monza e Brianza sostiene diversi gruppi già attivi nell'ambito del lutto e si propone, in sintonia con le Associazioni AMA di Bergamo e di Trento, di promuovere la nascita di altri Gruppi di Auto Mutuo Aiuto anche in ambiti diversi dal lutto. I gruppi, promossi dall'associazione A.M.A. Milano, Monza Brianza, si sviluppano a partire dalla condivisione tra pari dell'esperienza di sofferenza, fornendo uno spazio e un tempo per darle voce, per comprenderla e, a poco a poco, ritrovare un senso e superarla; il confronto permette di far fronte alla difficoltà (emotive, relazionali e materiali) senza lasciarsene spaventare. L'obiettivo è quello di integrare nel presente la propria ferita del passato per affrontare il futuro (Associazione AMA Milano, Monza e Brianza).

3.4 Interviste a parenti sopravvissuti per suicido tramite il contributo dell'Associazione A.M.A Milano, Monza, Brianza Onlus

Ho svolto delle interviste prendendo in esame la tipologia di intervistatore ossia parenti di primo grado che hanno vissuto un'esperienza di lutto per suicidio.

L'intervista è strutturata con domande guida per cogliere gli aspetti importanti di ciò che sto esaminando.

Lo scopo di queste interviste è quello di mettere in luce, attraverso esperienze personali, le caratteristiche peculiari del vissuto psicologico dei sopravvissuti e, in alcuni casi, i loro atteggiamenti successivi riguardo alla loro condizione createsi con lo stigma.

Gli intervistati sono persone che attualmente stanno partecipando al gruppo di auto mutuo aiuto tramite l'Associazione A.M.A. a Milano. Ogni esperienza ha un vissuto personale legato al caso specifico di ciascuna persona.

Ogni caso esprime sentimenti specifici e vive il lutto in modo totalmente differente, in rapporto anche al tipo di legami con il defunto, alla storia che ha portato all'atto suicidario e, alle relazioni che sono presenti nel contesto familiare. Ciò dipende anche come tutta la storia viene percepita dal sopravvissuto. Inoltre queste esperienze che riporterò, faranno emergere anche l'importanza di avere un supporto per far fronte al lutto, potendo avere anche la possibilità di condividere questo vissuto con persone che hanno avuto un' esperienza simile.

Intervista 1

L'intervista è stata rivolta a F.B, una madre di 45 anni che ha perso la figlia, D.B, di 18 anni, la quale si è suicidata in casa con delle pasticche.

Mia figlia è mancata l'11 Marzo del 2008, aveva 18 anni , tre mesi e undici giorni ed, era una ragazzina adolescente, molto istrionica, molto geniale a suo modo, una che sfidava le regole, forse affetta anche da bipolarismo, però molto lieve, forse per il fatto che aveva 18 anni, era anche difficile stabilire fin dove era l'adolescenza e fin dove era la patologia. Era una ragazza che gli piaceva viaggiare, gli piaceva uscire con gli amici, si divertiva, viaggiava molto con suo padre e suo fratello. Io e mio marito ci siamo separati e lei viveva con me.

Il 9 febbraio del 2008 era in motorino con una sua cara amica e hanno avuto un grosso incidente dal quale è subentrato successivamente una reazione di tipo depressivo da parte di mia figlia. L'amica dopo questo episodio la ha sempre accusata di essere stata la responsabile dell'incidente essendo alla guida del motorino. Dopo che è stata qualche giorno all'ospedale, è ritornata a casa con un umore molto triste, dovuto in parte dalle ferite riportate in volto e anche perché l'amica continuava a ribadire che la colpa era di F.. Questo lo ha disperata molto. F. era molto triste, sembrava quasi assente, tutto ciò lo abbiamo verificato successivamente perché sul momento non era una cosa di cui ci facevamo particolarmente caso da poter pensare a un gesto di questo tipo. In quel periodo prendevo degli oppiacei e, con la mia autorizzazione, F. andava dal medico a prendermeli. Un giorno ho visto da uno scontrino che si era comprata una confezione di valeriana. Aveva organizzato tutto in modo perfetto.

Ci eravamo messe d'accordo che l'11 Marzo sarebbe ritornata a scuola dopo un mese di convalescenza a casa. La mattina di quel giorno si è alzata alle 7 per andare a scuola, passando prima da suo padre che abitava vicino a noi, con la scusa di prendere il lasonin per le ferite riportate dall'incidente, dicendo a suo padre che sarebbe entrata alla seconda ora a scuola. La sera dell'11 mi telefona verso le 18.25, io stavo insegnando in quel momento, mi chiese a che ora sarei tornata, io gli risposi che sarei tornata a casa dopo aver finito di lavorare, lei ultimò la chiamata dicendomi "va bene, ciao ***mamma****", ed è stata la prima e l'ultima parola della sua vita. Arrivo intorno alle 19.20 a casa e, non riuscivo a entrare, la porta era bloccata, ho pensato che magari si era addormentata nella vasca da bagno o non so, in quel momento mi ero fatta molti film. Chiamo i pompieri, dopo che ho chiamato il mio ex marito, suo fratello e altri, arrivano, li accolgo sorridendo e, dicendo che magari mia figlia si era addormentata in vasca. Loro avevano già capito cosa era successo.*

E poi… niente, gli ho detto svegliati e, lì non si è più svegliata, era con il sacchetto di pillole. Dopo è stato tutto un evolversi della situazione, ovviamente tragica.

Il fatto di essere andate insieme a fare compere da Zara qualche giorno prima, di essere passate dopo da sua nonna per fargli visita, di passare da suo padre la mattina dell'11, mi ha portato a sostenere che lei ci ha voluti salutare. Questo perché lei solitamente non era una persona molto organizzata nella sua vita e nella gestione pratica e ha organizzato tutto questo negli ultimi giorni, in modo assolutamente "scientifico". Aveva scelto martedì perché tornavo dal lavoro alle 19, avendo l'occasione di stare da sola tutto il giorno. Non ha lasciato scritto niente, se non a posteriori, avevo trovato nel computer di lei alcuni siti sul suicidio.

F. non ha mai manifestato segni o segnali che avrebbero portato a una cosa di questo genere.

Il motivo del gesto di mia figlia, secondo la mia opinione, non è stato né contro di me né contro mio marito, è stato probabilmente provocato dalla colpevolizzazione dell'amica nei suoi confronti e anche dal trauma cranico che ha avuto dopo l'incidente in motorino, solitamente quando si ha questi traumi si è più predisposti al suicidio.

Al di là dei sensi di colpa che provavo, come l'essere stata ingenua o magari aver potuto fare qualcosa, sono arrivata al punto di pensare che ciò che è accaduto a mia figlia, la ha portata a una depersonalizzazione totale, un infarto della mente che scatta.

Subito dopo l'evento, ***mi sono sentita paralizzata****, al di là della disperazione. Lei voleva andare in America, io non la ho mandata perchè non ritenevo che fosse ancora abbastanza responsabile per andare là da sola, e lì si finì il discorso… dopo questo (l'atto di togliersi la vita), idealizzavo che lei fosse in viaggio; mi ricordo la sera stessa, quando c'era la polizia e molta gente in casa, vidi un poliziotto sul balcone che sembrava più triste di me, io invece non ero al momento così, pensavo " ma lei è partita, in fondo la stiamo salutando".* ***Io sono vissuta tre anni con l'idea che lei fosse in viaggio****, quando stavo arrivando a casa in macchina acceleravo perchè pensavo che mi stava per chiamare (verso le 19), per chiedermi quando sarei arrivata*

Mi sono sentita nel modo peggiore di ***disperazione totale****, anche perchè* ***mi sentivo unica****, pensavo che ero la sola persona a cui gli era accaduto un fatto del genere, quindi ero immersa nella mia specificità. Mi è caduto il mondo, mi è caduta la vita, mi è caduto tutto, tutto questo c'è tutt'ora. Avevo grandi ideali, nel senso che è stato* *un miracolo averla perché ho avuto una gravidanza molto difficile, avevo grandi progetti, lei mi faceva molto da contrafforte, da contrappunto. Mi manca tutt'ora il rapporto con mia figlia, un rapporto non ho mai avuto con mia madre.*

Ero totalmente vuota e assente, era come un treno che ti arrivava in faccia e ti schiantava, ti apriva il cervello, ti rompeva la testa, eri come annientato, era sopra tutto quello che mi circondava,. Non avevo niente che mi legasse alla vita pratica. A giugno, una mia amica mi ha dato il nome di questa Associazione (AMA), io non sono mai andata dallo psicologo. Per me non è stata una ricerca di aiuto, è stato un caso partecipare a questi gruppi. All'inizio prima di parteciparvi pensavo che non sarebbe servito a niente e, invece se non fosse stato per AMA non so se a quest'ora sarei stata qua. Grazie a loro sono ***sopravvissuta****. Partecipo al gruppo di auto aiuto dal novembre 2008.*

Nel 2006 fino al 2009 ho avuto un tumore al braccio che mi ha lasciato un decorso molto brutto, quindi stavo in una condizione fisica molto provata, infatti dico sempre che F. mi ha guarita.

Adesso sto frequentando il gruppo AMA regolarmente una volta a settimana. Seguire un gruppo di persone che ha vissuto la stessa esperienza mi ha dato un aiuto maggiore rispetto al mondo di fuori che invece dopo dimentica, cancella, non vuole parlarne, etc. Sono sempre più coinvolta, oltre alle varie iniziative dell'associazione, anche come referente (facilitatore) all'interno del gruppo. Ancora adesso non sono ancora in grado di guidare in modo distaccato perché ancora ne sono molto coinvolta, soffro ancora tanto.

Questa cosa mi ha sconvolto la vita e mi sconvolge ancora ora, sopravvivo ma con un approccio alla vita totalmente diverso cioè il senso della felicità, per me, non esiste. Il sentire la mancanza è attanagliante.

Mi sono risposata con il padre dopo quanto è successo. Con lui avevo mantenuto buoni rapporti anche dopo il nostro divorzio. F. ha fatto un po' da quadratura del cerchio, quello che è accaduto a lei era una cosa che apparteneva solo a noi, non poteva appartenere a nessun'altro al di fuori della famiglia. Prima di risposarmi avevo un fidanzato, poi ci furono dei problemi e dopo ciò che è successo è finita tra noi, quando accadono queste cose cambia il modo di pensare, cambia l'approccio alla vita, alla sensibilità agli altri, adesso mi baso più sull'essenza della vita e non su cose effimere.

Il gruppo AMA mi ha aiutato a contenermi, esso ha proprio la funzione di immettere la persona che soffre in un percorso di contenimento.

I primi tempi mi faceva paura la parola "suicidio", non avrei mai pensato e immaginato che mia figlia avrebbe fatto una cosa del genere.

Il senso di disperazione *della vita, nel tempo, sono riuscita a contenerlo di più. La perdita della vita è rimasto acceso per quattro anni e adesso non ho questa perdita ma non mi chiedo neanche il senso di vivere, non me lo voglio chiedere, vado avanti perché vado avanti.*

Adesso ho ***un senso di infelicità****, non riesco a essere felice, prima avevo tanti interessi come l'arte, la cultura in generale, adesso mi si sono affievoliti, non vado a vedere una mostra con passione… adesso non so neanche più che cos'è la passione. Non metto l'anima in niente, faccio le cose perché le devo fare.*

Quando sono a giro a fare, per esempio, delle spese dopo un po' mi stufo, mi stufo della gente, prima mi piaceva il vivere sociale adesso meno, mi stufo a parlare di cose effimere perché per me bisogna parlare anche di F.. Nessuno me la nomina mai, il mio pensiero comunque è lei.

Il fratello non parla, si è chiuso a riccio, lui e sua sorella erano molto legati, non vuole che tenga le foto di F sparse per la casa, mi ha fatto togliere alcune di queste, io invece le metterei dovunque. E' un rapporto difficile perché il suo dolore se lo vive da solo senza esternarlo, se io ne parlo lui non ne vuole parlare, ne parliamo solo io e suo padre. Con mia madre non sono mai riuscita a parlarne e questa è una cosa che mi ha sempre fatto male. Io penso che alla gente il suicidio faccia paura, tanti ti dicono che non ne parlano perche non vogliono girare il dito nella piaga ma non è vero, perché in realtà tutti si riparano e si difendono, ***è un argomento tabù****, di cui nessuno ne parla.*

Per anni ho avuto un film continuo dell'evento in sé, del momento, di quello che ho visto, ma non lo facevo apposta, questo mi faceva stare male, adesso non ho più questo film in testa.

Appena ero arrivata nel gruppo AMA balbettavo, non riuscivo a parlare per bene, per due anni non sono riuscita a leggere un libro, non riuscivo a concentrarmi, adesso un po' di più, ma non ho più questa capacità di concentrazione come la avevo prima. Forse anche perché non mi interessa, tutto mi scivola via. Ho un sacco di amiche però tutto mi scivola. Vorrei anche essere considerata come vittima e non sempre quella forte.

Il mondo esterno si divide dopo che accade un suicidio perché le persone non sanno cosa dire*, non utilizzano le parole giuste, ci sono quelli che sono partecipi e quelli che si allontanano. Con il tempo la gente si abitua alla cosa, mentre chi ne è* *coinvolto ne vorrebbe comunque parlare, mi fa male quando nessuno mi parla di mia figlia, nessuno mi ha mai citato il nome di F., questo magari mi sarebbe servito per esorcizzare questa cosa.*

Intervista 2

L'intervista è stata rivolta alla signora, R.D. di 35 anni che ha perso il marito, A.S. di 40 anni, buttandosi da un palazzo di Milano, dove aveva già tentato di togliersi la vita.

Io sono di Roma, vivevo lì fino al 2005, avevo una vita regolarissima con un lavoro, amici etc. Poi ho conosciuto un ragazzo all'interno dello stesso contesto di lavoro. Lui viveva a Milano, abbiamo incominciato a sentirci per telefono mentre io stavo ancora a Roma e, successivamente nacque una storia tra noi. Nel tempo avevamo pensato di andare a vivere insieme e io ho avuto la brillante idea di mollare tutto e andare a vivere a Milano.

Ho dovuto ricominciare tutto là. Lui aveva 35 anni, era bellissimo, molto alto, biondo, laureato in ingegneria, il classico ragazzo che tutte avrebbero voluto. Pian piano incominciai a notare dei comportamenti che non mi piacevano molto, come una volta, durante un aperitivo, mi sono accorta che questo sua atteggiamento nel bere non era normale, era un po' troppo compulsivo e questa cosa stava incominciando a non tornarmi molto. Un'altra volta, siamo andati a pranzo dalla moglie del suo migliore amico e, sono usciti dei particolari che prima non conoscevo affatto.

Era morto suo padre quando aveva 20 anni, quindi quindici anni fa e, aveva avuto dei periodi di alti e bassi, questa cosa può aver sviluppato una sorta di dipendenza dal bere; era stato già fermato un paio di volte perché era in stato di ebrezza. Tutte queste cose non le sapevo prima, le ho sapute molto più tardi.

Nel corso della mia vita ho sempre superato ostacoli, raggiungevo ciò che desideravo, mi ritengo una persona intelligente, simpatica e, ho l'ironia da buona romana. Avevo una specie di delirio di onnipotenza pensando che questa situazione, un po' particolare, che si stava andando a creare in lui, si potesse risolvere come se fosse un giochetto da ragazzi.

Abbiamo iniziato ad affrontare il suo problema e, la cosa più sconvolgente è che lui non aveva la consapevolezza di averlo.

A tavola beveva acqua, coca cola e aveva sempre la risposta pronta e giusta a tutte le domande che gli ponevo, fino a che, era diventata abbastanza conclamato la sua dipendenza dal bere. Riuscì a trascinarlo in un centro di dipendenze seguendo un percorso riabilitativo insieme a lui visto che nel programma includeva anche la partecipazione dei parenti;, abbiamo partecipato a degli incontri con l'assistente sociale, con un medico e con una psicoterapeuta. Per un lungo periodo aveva smesso di bere.

Una volta con la psicologa aveva ammesso di aver fatto uso di cocaina. Dalle sue foto avevo notato con che facilità aumentava o diminuiva di peso. Tutto questo era coronata dal fatto che aveva una madre che aveva sofferto molto la perdita del marito e si era rinchiusa molto in sé stessa, provvedendo lui a tutto . Il loro era un rapporto un po' malato, più una relazione madre-marito che madre-figlio. All'inizio lei non era contenta molto che il figlio stesse con me, successivamente io cercai di rendermi simpatica stabilendo così un buon rapporto con lei.

Faceva uso di pasticche con la scusa che erano quelle che prendeva sua madre, per rilassarsi un po', visto che stava affrontando un periodo un po' stressante. Io

gli credevo, non avrei mai pensato che tutto ciò lo portasse a compiere un determinato gesto.

Lui aveva una mente molo ingegnosa e delle capacità fuori dal normale in contrapposizione a situazioni che non era in grado di gestire.

Una volta tornò a casa piangendo e dicendo che non era in grado di affrontare tutta questa situazione e, raccontandomi che aveva tentato di buttarsi in cima al palazzo dove vivevamo prima, aveva anche scritto due o tre cose su un pezzo di carta, ma io in quel momento non pensavo che potesse essere realmente capace di fare un gesto simile, pensavo che era solo un modo per attirare l'attenzione. Io gli dissi che avremmo risolto questo problema insieme.

Un giorno lo vidi tornare a casa, dal lavoro, ubriaco e, questo incominciò a preoccuparmi molto, il mio sospetto era che lui potesse fare anche uso di cocaina smorzando l'effetto con dei psicofarmaci, infatti, quando si uccise gli trovarono in tasca delle pillole.

A lui gli piaceva l'idea della famiglia, ma con questo problema che aveva, non ce l'ha fatta.

Le cose tra noi stavano incominciando ad andare male, litigavamo spesso.

Lui si è ucciso il 5 giugno del 2009, buttandosi dallo stesso palazzo dove aveva tentato di suicidarsi la prima volta.

Solitamente quando eravamo a lavoro ci scrivevamo delle email. Quel giorno dopo che lui mi accompagnò in ufficio, gli scrissi e, lui non mi rispose, provai a chiamarlo al telefono e a casa ma nessuna risposta, quindi mi incominciai a preoccupare, pensavo a un incidente. Arrivai nel suo ufficio dove trovai i carabinieri che mi dissero cosa era successo. Mi volevano portare sulla scena del crimine ma io mi rifiutai.

*Aveva lasciato un biglietto dove c'era scritto:**"Io faccio questo gesto perché non sono più in grado di rispondere a tutte le aspettative che gli altri hanno nei miei confronti."***

In parte mi sono salvata, rispetto ad altre persone che hanno vissuto questo esperienza, nonostante sia stata una cosa per me devastante. Lui mi ha fatto sempre credere la persona che in realtà non era, a un certo punto non sapevo più chi avevo sposato. Ero colpita e delusa. Tre quattro giorni prima della sua morte, avevo ricevuto, a casa, un decreto disgiuntivo, dal quale scoprì che da un anno, dopo aver comprato la casa, non aveva mai pagato le spese dello studio notarile.

Subito dopo l'accaduto mi sono sentita molto male, e continuavo a dirmi che non era colpa mia. Ti senti male perchè oltre a essere sconvolgente il fatto che la persona si sia tolta la vita, lo è anche perché la ha tolta anche a te. ***Ti devi limitare ad accettare e basta.*** *Bisogna pensare anche a quelli che rimangono, perché hanno una ferita che non si rimargina più. Soprattutto in questo tipo di lutto è molto difficile elaborare e accettare.* ***Sembra che qualcuno prenda la tua vita e te la porti via.*** *Già è difficile avere il ruolo di vedova, figurati quando le persone vengono a sapere come è morta la persona, la gente ti guarda in una strana maniera, non capisce, ti guardano male perché in qualche modo sei colpevole anche te.* ***Ti senti marchiata.***

Anch'io prima pensavo che un suicidio non poteva accadere mai in una famiglia per bene.

Dopo l'accaduto ho dovuto sostenere varie spese per i debiti di lui, è normale che tutto ciò mi suscitava rabbia.

Se io non avessi avuto una grande famiglia alle spalle non avrei potuto fronteggiare la situazione... non era facile.

La psicologa del centro dipendenze mi ha dato i contatti dell'associazione AMA e a giugno ho incominciato a partecipare ai gruppi. Adesso faccio l'organizzatrice di eventi che riguardano il suicidio. All'inizio pensavo che partecipare a questi gruppi fosse una cosa inutile, invece non è vero. Adesso voglio lavorare per queste persone e aiutarle, avendo anch'io vissuto la stessa cosa in prima persona. Questo lavoro mi piace, mi da soddisfazione.

Intervista 3

L'intervista è stata rivolta a una signora di 50 anni, A.P., che ha perso il fratello, U.F. , di 35 anni, togliendosi la vita in macchina.

La mia esperienza è stata un po' collaterale nel senso che ero sposata, vivevo fuori casa con mio marito e le mie figlie e, mio fratello era coinvolto con la tossicodipendenza e con il carcere.

Lui si era sposato, anche la sua compagnia era nella stessa situazione di lui, però i genitori di lei avevano la possibilità di aiutarla anche economicamente. Avevano fatto il possibile per pagargli avvocati per le varie cause, per evitargli il carcere. Non è stato così per lui, e la cosa tragica è che quando ha trovato una comunità dove andare, poi ha fatto fatica a inserirsi, dopo di chè è riuscito a rimanere e dopo sei mesi si era stabilizzato. Poi è stato richiamato perché doveva scontare altri quattro mesi di carcere. Questa cosa è stata la fine. Perché una volta uscito di lì, lui ha ripreso di nuovo a fumare e ha ripreso tutte le dipendenze che aveva prima, anche perché la droga la trovavi anche nel carcere stesso. Poi hanno avuto una bambina che hanno dovuto disintossicare in ospedale e, poi è vissuto con i nonni.

Mio fratello continuò vivendo dentro e fuori dal carcere. Quando usciva, lui non aveva la possibilità di rifarsi una vita normale perché era difficile per un ex carcerato trovare un lavoro. Io l'ho seguito molto, cercavo di aiutarlo, perché potesse seguire una terapia, anche se la mia famiglia non era molto d'accordo. Spesso veniva a casa mia per disintossicarsi, chiamando delle infermiere la mattina, in modo tale che le mie figlie non c'erano perché erano a scuola. C'era uno psicologo che lo seguiva.

Quando si era ripulito da tutto quello che aveva preso, incominciò ad avere il desiderio di condurre una vita normale e, non era possibile perché non aveva un lavoro, non aveva una casa, avrebbe voluto avere una macchina.

Secondo me, lui deve aver capito che non c'erano altre possibilità, c'è stato uno scoraggiamento da parte sua perché pensava che nessuno gli potesse dare un aiuto. Si è creata, in me, l'idea che tanti che chiudevano con la vita era perché non trovano una fantasia, non trovano un altro modo di stare al mondo. Forse bisogna anche poter immaginare un mondo diverso però bisogna avere anche la forza per poterlo fare.

Lui si uccise la notte dell'1 gennaio, quindici anni fa, in macchina. E' arrivato a casa, si è cambiato, si è messo in tuta ed è andato in una via fuori mano. Ha attaccato molti postit sulla macchina, ***chiedendo scusa perché si sentiva troppo debole per poter vivere, non aveva le forze e, dicendo anche che mia madre doveva stare serena altrimenti lui non gli avrebbe più voluto bene****. Questa cosa per lei è stata una grande forza per andare avanti. Io alla notizia ho avuto un pugno nello stomaco. A natale è stato a casa mia per pranzo con la mia famiglia e con mia madre e mio padre, siamo stati bene, gli avevo fatto anche un bel regalo. Quando lui è morto era come se fosse morto mio figlio. Lui è nato quando io avevo 15 anni, era il mio bambino.*

E' difficile darsi una spiegazione quando c'è un suicidio di mezzo, non riesci mai ad avere una risposta, rimane sempre aperto il punto. Io ho avuto altre perdite in famiglie ma le ho superate, erano morti naturali, invece un suicidio è un fatto volontario però non so quanto sia volontario o quanto dipende dall'ambiente. Nel caso di mio fratello è stato un fatto di comunità, come se fosse un capro espiatorio di una situazione collettiva che non funzionava, tanto che lui aveva trovato un lavoro e mi diceva che i colleghi facevano i pignoli con lui. Lui cercava amore nelle persone e dava anche molto.

Mi ci è voluto molto a calmare ***questo mio senso di colpa****, pur avendo fatto moltissimo per lui, però non era stato abbastanza. Avrei dovuto seguirlo di più anche se diventava difficile nella mia situazione perché avevo comunque una famiglia con delle figlie adolescenti.*

Il mio senso di colpa era dovuto al fatto che lui stava bene in casa con me, ma io non avevo le condizioni per poterlo ospitare per lungo tempo. Mi ci è voluto molto per arrivare alla consapevolezza che dovevo rendere conto alla mia famiglia e che anche lui ne aveva una e che non tutto dipendeva da me.

Abbiamo sofferto tutti, per mio marito era un amico.

Il suicidio per me non ha costituito una condanna sociale, io non me la sono vissuta così. L'ho vissuto come se non avessi colto bene i suoi bisogni potendo risolvere la questione. Però non mi sono sentita ghettizzata.

C'era un periodo che ero abulica, apatica, non avevo voglia di niente. Avevo perso un po' il senso della vita, ed è durato più di un anno. Ho cercato di comprendere dentro di me per capire cosa avrei potuto fare e che non ho fatto. Soprattutto mi dispiaceva per lui. Per me non era una condanna nei suoi confronti il fatto che si sia ammazzato, era un dispiacere aver messo fine alla sua vita.

La cosa che mi ha colpito di più è lo stigma da parte dell'altro mio fratello che addirittura non voleva che la bara fosse portata sotto casa, lui si vergognava, questo comportamento lo ho ritenuto stupido. Secondo lui, il nostro fratello doveva andare direttamente dall'obitorio al cimitero senza dover passare dalla chiesa.

Mi ha colpito molto, quando sono arrivata in chiesa, la quantità di gente che c'era. Era pieno. E mi sono detta: "conosceva tutta questa gente ed era solo", questa cosa è stata assurda come dire… dove erano tutte queste persone prima!

Questa cosa la ho vissuta come un dolore condiviso ma anche un'assenza di solidarietà, nel momento in cui un componente dell'umanità che tutti hanno conosciuto e, che nessuno gli è andato vicino quando lui stava male. Io pensavo che lui non avesse amici.

Un'altra cosa che mi ha colpito molto è nelle sue cose quanto poco ci fosse, lui ha lasciato pochissime cose, due cartoline un abito. Che strano!

Come se lui si fosse già staccato dal mondo materiale o che non si fosse mai calato veramente su questo piano.

Io ho incominciato a frequentare il gruppo AMA solo dopo la morte di mio marito, nel 2006 e, non prima, perché solo in quel momento sono venuta a conoscenza di questi gruppi. Nel 2007 ho avuto un grosso intervento, mi hanno aperto la pancia e sono stata fuori campo per cinque, sei mesi e, poi sono ritornata nel gruppo,poi ho fatto un'altra assenza e ho ricominciato a parteciparvi fino al 2011. In questo anno ho pensato che quello che veniva detto nei gruppi non era più un qualcosa dove potevo attingere, sembrava che mi stessi quasi anestetizzando dal dolore e, questa cosa non mi andava più bene. In quel momento ho sentito che questa esperienza nel gruppo AMA era terminata. Successivamente ho portato nel gruppo quello che avevo appreso. Ne avevo attivato uno per persone che avevano figli con handicap e, questa esperienza è durata per un anno.

Questa cosa che è accaduta a mio fratello, mi ha aperto una visone del mondo diversa rispetto a prima.

Per me il gruppo non è mai la somma delle parti, ognuno assume un ruolo all'interno diventando completo. Quando ascolto qualcuno che racconta la sua esperienza, nel gruppo, mi accorgo che le cose che vengono dette sono talmente attinenti, come se le persone si fossero accordate, ma poi in realtà non è così. A volte fuoriescono delle emozioni particolari che nella vita di tutti i giorni non capitano. C'è un emozione in comune che ti porta a sentirti capita completamente.

Attualmente ho un equilibrio instabile, non posso dire di aver risolto con la vita. *Quest'ultima è sempre fluttuante, c'è sempre da ricostruire ogni giorno. Ho anche una la visione più ottimista della vita, è come se adesso mi sia messa un pò a giocare, dopo che ho superato questa cosa, ne posso superare anche altre. Sono anche consapevole di aver un aiuto alle spalle, se ho bisogno posso chiamare chi mi può sostenere e capire.*

In me c'è molta fragilità ma paradossalmente questa diventa una ricchezza, tutto ti colpisce però incominci anche a vederti dovei sei, questo ti permette di dare un ordine a tutto ciò che ti arriva a raffica, ***Prima non c'ero, adesso ci sono!***

3.5 Riflessioni e analisi dei dati raccolti dalle interviste ai sopravvissuti per suicidio.

Da ciò che emerso dalla letteratura e riportando alcune testimonianze riguardo a questo particolare aspetto del suicidio gli aspetti peculiari che si evidenziano nel vissuto psicologico del sopravvissuto è la situazione che si trova ad affrontare e, tutte le costellazioni che circondano la persona stessa e la propria famiglia.

Partendo da una visione di insieme dell'esperienza del lutto per suicidio, ci porta a riflettere sulla peculiarità di come l'atto stesso di togliersi la vita porta la persona rimasta a porsi molti interrogativi dai quali non può avere risposta e, a vivere sentimenti, pensieri e assumere comportamenti che si differenziano da un tipo di lutto diverso da quello preso in esame.

La storia ci da una visione di come il suicidio veniva visto dalla società e di come viene percepito ora. Lo stigma è uno di quei fattori che circoscrivono questo evento e che influenza lo status di sopravvissuto, anche se non tutte le persone ne vengono coinvolte. In base alle interviste riportate, emerge l'importanza di come la persona rimasta, vive il lutto in base alla storia antecedente all'atto e alle caratteristiche intrinseche di essa nel rapportarsi successivamente al fatto. C'è chi non la vive come una cosa stigmatizzante e c'è chi invece si sente marchiata. C'è chi percepisce le persone esterne al lutto come incapaci di comprendere la situazione o di affrontare l'argomento, con il rischio che diventi un argomento **tabù**.

"[....] Già è difficile avere il ruolo di vedova, figurati quando le persone vengono a sapere come è morta la persona, la gente ti guarda in una strana maniera, non capisce, ti guardano male perché in qualche modo sei colpevole anche te. ***Ti senti marchiata.****"*

"[...]Il suicidio per me non ha costituito una condanna sociale, io non me la sono vissuta così. L'ho vissuto come se non avessi colto bene i suoi bisogni potendo risolvere la questione. Però non mi sono sentita ghettizzata.

La cosa che mi ha colpito di più è lo stigma da parte dell'altro mio fratello che addirittura non voleva che la bara fosse portata sotto casa, lui si vergognava, questo comportamento lo ho ritenuto stupido. Secondo lui, il nostro fratello doveva andare direttamente dall'obitorio al cimitero senza dover passare dalla chiesa.

*" [...]****Il mondo esterno si divide dopo che accade un suicidio perché le persone non sanno cosa dire****, non utilizzano le parole giuste, ci sono quelli che sono partecipi e quelli che si allontanano.*

Il lavoro del lutto in caso di suicidio è difficile da vivere. Per prima ragione perché è una morte improvvisa, senza pre-lutto senza la possibilità di salutare la persona cara, ciò che emerge in particolare è il **senso di colpa,** di chi resta. La rabbia contro chi si è suicidato può essere intensa e talmente insopportabile da rivolgerla contro il defunto. E' difficile accettare da parte di chi resta l'atto di autodistruzione come unica scelta. Capita anche che il suicidio sia l'atto finale di una vita dolorosa per la persona deceduta come per chi lo circondava.

" [...] Ti senti male perchè oltre a essere sconvolgente il fatto che la persona si sia tolta la vita, lo è anche perché la ha tolta anche a te. ***Ti devi limitare ad accettare e basta."***

"[...] Mi ci è voluto molto a calmare ***questo mio senso di colpa****, pur avendo fatto moltissimo per lui, però non era stato abbastanza.*

Importante è sottolineare l'aspetto della **non prevedibilità di un atto suicidario**. Spesso succede che determinati comportamenti che la persona ha, prima di togliersi la vita, non balzano all'occhio di chi gli sta intorno, solo dopo il suicidio, chi rimane cerca di ricostruire i pezzi antecedenti per capire il **"perché**" la persona è stata così distruttiva con sé stessa. Ci possono essere segnali di disagio ma che non portano a pensare alla possibilità di arrivare a suicidarsi. Solo in un secondo momento la persona ripensa ai comportamenti e al dolore interiore del suicida. Da qui può insorgere il sentimento di colpa di non essere intervenuti prima e di non aver fatto niente per aiutare la persona cara.

[...] Una volta tornò a casa piangendo e dicendo che non era in grado di affrontare tutta questa situazione e, raccontandomi che aveva tentato di buttarsi in cima al palazzo dove vivevamo prima, aveva anche scritto due o tre cose su un pezzo di carta, ma io in quel momento non pensavo che potesse essere realmente capace di fare un gesto simile, pensavo che era solo un modo per attirare l'attenzione. Io gli dissi che avremmo risolto questo problema insieme.

La perdita del senso di vivere emerge molte volte per chi vive un evento del genere. Tutto ciò che lo circonda diventa superfluo. Emerge il bisogna di parlare del proprio caro con qualcuno e, ripensare ai momenti passati insieme con la persona defunta.

[...] Con il tempo la gente si abitua alla cosa, mentre chi ne è coinvolto ne vorrebbe comunque parlare, mi fa male quando nessuno mi parla di mia figlia, nessuno mi ha mai citato il nome di F., questo magari mi sarebbe servito per esorcizzare questa cosa.

La famiglia diventa un contenitore importante di queste sofferenze. Ognuno però vive il lutto in modo differente. Se c'è una forte coesione e una comunicazione aperta si ha la possibilità di parlare della persona cara e, di condividere l'esperienza stessa che risulta significativa e posta sullo stesso piano emotivo tra i membri della famiglia. Viceversa, nel caso in cui non c'è comunicazione o poca.

" [...] Il fratello non parla, si è chiuso a riccio, lui e sua sorella erano molto legati, non vuole che tenga le foto di F sparse per la casa, mi ha fatto togliere alcune di queste, io invece le metterei dovunque. E' un rapporto difficile perché il suo dolore se lo vive da solo senza esternarlo, se io ne parlo lui non ne vuole parlare, ne parliamo solo io e suo padre.

La disperazione e il senso di essere paralizzata può innescarsi in chi vive un evento improvviso e imprevedibile.

La relazione con il defunto, le relazioni all'interno della famiglia, il tipo di supporto esterno sono uno dei precursori di come la persona potrà elaborare il lutto.

Nonostante tutto non c'è un limite di tempo per alleviare questa sofferenza, la persona, in base a tutti una serie di fattori che ho riportato dinanzi, può arrivare ad accettare la perdita, ma la cicatrice formatasi, rimarrà sempre aperta.

Da ciò che ho riportato nelle interviste, il supporto di un gruppo di auto mutuo aiuto è risultato essere molto utile. La possibilità di condividere sofferenze, emozioni e, pensieri con altre persone che hanno vissuto esperienze simili può aiutare la persona rimasta a una migliore riuscita nel processo di elaborazione al lutto.

Questo grazie alle caratteristiche e agli obiettivi che si prefigge i gruppi AMA, considerando ovviamente sia i pro che i contro di questo tipo di supporto.

Il facilitatore all'interno del gruppo riveste un ruolo molto importante, chi riveste questo ruolo è a uno stadio avanzato di accettazione del lutto, scaturendo dentro di sè anche il bisogno di aiutare il prossimo da una sofferenza analoga a quella provata dal facilitatore.

[..] All'inizio pensavo che partecipare a questi gruppi fosse una cosa inutile, invece non è vero. Adesso voglio lavorare per queste persone e aiutarle, avendo anch'io vissuto la stessa cosa in prima persona. Questo lavoro mi piace, mi da soddisfazione.

[...].Per me il gruppo non è mai la somma delle parti, ognuno assume un ruolo all'interno diventando completo. Quando ascolto qualcuno che racconta la sua esperienza, nel gruppo, mi accorgo che le cose che vengono dette sono talmente attinenti, come se le persone si fossero accordate, ma poi in realtà non è così. A volte fuoriescono delle emozioni particolari che nella vita di tutti i giorni non capitano. C'è un emozione in comune che ti porta a sentirti capita completamente.

STORIA ANTECEDENTE AL SUICIDIO: FATTORI DI DISAGIO O ESPERIENZE COME PRECURSORI DELL'ATTO

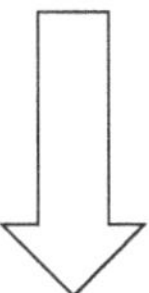

ESPERIENZA TRAUMATICA DEL SOPRAVVISSUTO

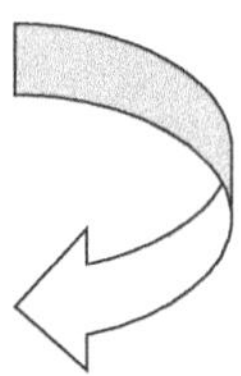

FATTORI CHE INFLUENZANO IL VISSUTO DEL LUTTO

Famiglia **Contesto sociale**

Tipo di relazione con il defunto

Fattori di resilienza

Capitolo 4

Cercare aiuto

"Tutto ciò che ci è più caro ci può essere strappato;
ciò che non può essere tolto è il nostro potere di
scegliere quale atteggiamento assumere dinanzi
a questo avvenimento" Victor Frankl

4.1 Come sopravvivere al lutto: limiti e benefici degli interventi finalizzati all'accettazione del lutto

Nella letteratura è stato riscontrato che i sopravvissuti a un suicidio sentono il bisogno di chiedere aiuto e avere un supporto da un professionista, ma solo in pochi casi cercano o trovano adeguate fonti di aiuto.

Anche con la presenza di personale professionista sul territorio, il periodo tra il suicidio e la richiesta di aiuto è molto lungo. Questo dovuto sia a una scarsa conoscenza delle risorse da parte dei sopravvissuti e sia dalla scarsa divulgazione di informazioni e di supporto dal personale medico che lavora nel campo sanitario nei riguardi degli assistiti.

Molti di queste persone in lutto non chiedono aiuto e non sono a contatto con professionisti o gruppi di sostegno che potrebbero supportarli nell'affrontare il dolore. Viceversa alcuni sopravvissuti chiedono contemporaneamente aiuto a più fonti, partecipando simultaneamente a gruppi di sostegno su internet, a gruppi di sostegno vis-a-vis, e incontrando dei consulenti (Progetto Soproxi).

La scarsa richiesta di aiuto può essere dovuto da: l'apparente necessità di chiedere sostegno al di fuori della famiglia, alcuni negano i propri sentimenti in modo da evitare la sofferenza, altri cercano di nascondersi per evitare di essere giudicati e stigmatizzati, altre persone si sentono persone deboli a chiedere sostegno e quindi evitano di essere coinvolti in attività di supporto, la mancanza di fiducia negli interventi a loro diretti, scarsa disponibilità di servizi e strutture , o la presenza di un ambiente stigmatizzante e evita l'utilizzo di programmi specifici (Pompili, 2008).

"L'aiuto si rende necessario in due diversi momenti: 1) immediato sul posto, quando si comunica la morte; 2) l'aiuto a lungo termine, quando il processo di lutto diventa insopportabile per alcuni soggetti. L'aiuto sul posto dovrebbe essere un sostegno emotivo fornito da un medico di base o dal medico legale. Quando il suicidio è accaduto, un medico generico o un medico legale possono intervenire nel sostenere i familiari immediatamente. Il punto più importante in questo contesto è la preparazione di tali figure professionali nel confrontarsi con questo compito. I familiari possono, infatti, manifestare shock e reazioni estreme alla notizia del suicidio, e l'intervento dello psichiatra dovrebbe essere sempre messo in preventivo. Ai familiari dovrebbe essere permesso di vedere il corpo del suicida, evitando di esporne parti troppo danneggiate. Deve essere sempre data la possibilità dell'ultimo saluto al defunto" (Pompili, 2008).

L'intervento professionale varia in base al tipo di lutto che la persona vive. Nel caso in cui il lutto non è complicato è sufficiente una consulenza che gli permette un miglioramento in tempo breve, nel caso invece di lutto complicato o sindromi depressive di rilevanza clinica è necessario l'impiego di interventi psicoterapeutici e, a volte farmacologici. Nel caso di un intervento di consulenza, Parkes elenca tre gruppi di consulenti quali: a) medici, infermieri, psicologi e assistenti sociali; b) volontari debitamente istruiti da professionisti; c) gruppi di auto aiuto, con o senza il supporto di professionisti. In questo caso il consulente può intervenire sulla presa di coscienza della perdita, facilitando l'espressione di alcuni sentimenti problematici come rabbia, colpa, ansietà ed impotenza.

Una buona riuscita del processo del lutto necessiterebbe della disponibilità di un supporto costante, almeno nel periodo iniziale e, la conoscenza dei meccanismi di difesa che il soggetto utilizza o ha utilizzato per fronteggiare situazioni di lutto.

Ci sono altre situazioni cui la consulenza può lavorare sul ridimensionamento dei sentimenti di colpa e di rifiuto dei familiari del defunto. Indirizzare queste persone su altri problemi può essere utile. E' importante anche stimolare il confronto con la realtà del loro senso di colpa, o con la tendenza a colpevolizzare. Se il senso di colpa ha un fondamento reale, il compito del consulente è quello di aiutare la persona ad affrontarlo. Il consulente può intervenire anche nella correzione del rifiuto e delle distorsioni della realtà. I sopravvissuti devono affrontare la realtà del suicidio per poter essere poi in grado di elaborarla. E' importante analizzare le fantasie e le aspettative del paziente riguardo al proprio futuro e lavorare sui sentimenti di rabbia e collera per consentire, cos', il controllo della situazione e, lo sfogo (Messina et al., 2003).

4.2 L'intervento psicoterapeutico per l'elaborazione del lutto

Nell'ambito della prevenzione suicidaria, rientra anche l'assistenza ai soggetti che hanno sperimentato la morte di un familiare per suicidio. In questo caso si tratta di soggetti a maggior rischio di suicidio ed in ogni caso portatori di una sofferenza che necessita di adeguate risposte: proprio a tale scopo sono sorte negli ultimi anni diverse esperienze di gruppi terapeutici per i sopravvissuti.

Uno degli interventi maggiormente funzionali, per gli individui che hanno avuto un'esperienza traumatica, è "la psicoterapia della crisi emozionale". Essa aiuta il paziente a sentirsi compreso attraverso la conoscenza degli specifici fattori cognitivi e emotivi che possono portare a un comportamento auto lesivo. Favorisce l' empowerment e inoltre aiuta l'individuo ad affrontare le proprie problematiche attuali al fine di aiutarlo a superare la situazione di crisi.

Il concetto di "crisi", inteso come dolore mentale acuto, emerse con lo studio di Lindemann nel 1944 sui sopravvissuti all'incendio di un locale di Boston in cui morirono 140 persone. L'autore osservo che nelle persone rimaste si svilupparono varie reazioni di disagio psicologico tra cui senso di colpa, eccessiva aggressività, stati depressivi e forme ansiose. Da ciò Lindemann propose un' intervento psicoterapico nei confronti di queste persone (Pompili, 2008, pag.156).

"Per crisi emozionale si intende uno stato caratterizzato da una profonda sofferenza in relazione alla perdita di sicurezza che può essere generata da due esperienze fondamentali: quella che riguarda il pericolo, il rischio, eventualmente la minaccia per la propria vita, e quella che rimanda alla separazione, alla perdita ala lutto. La crisi emozionale viene vissuta pertanto come un dolore intollerabile per le sue mancanze di vie d'uscita e, se questa situazione perdura, possono comparire soluzioni mal adattive come alterazioni della condotta o agiti tossico manici e suicidari" (Pompili, 2008, pag. 157) .

La psicoterapia della crisi emozionale consiste in una relazione di aiuto, dove il paziente e il terapeuta condividono l'iniziale fase di conoscenza reciproca. Il paziente si presenta attraverso una dolorosa esperienza personale, il terapeuta con il sentimento di partecipazione empatica. Questo intervento permette alla persona di migliorare, attraverso un sostegno e tramite la comprensione della situazione patologica attuale e in relazione anche alla storia personale precedente.

Ne discendono alcuni aspetti peculiari quali che la diversificano dalle altre terapie brevi quali :

1-assenza di lista d'attesa ,

2-assenza di una richiesta specifica di psicoterapia da parte del paziente ,
3-scarsa a volte assente percezione da parte del paziente della componente psicologica nel disagio attuale ,
4-aspetti peculiari nell'assetto psicologico del paziente .

Nel primo incontro, il paziente non è spinto da una motivazione o da una decisione come succede in genere nelle altre psicoterapie. Ciò può comportare che il terapeuta si trovi in delle situazioni che possono risultare complesse quali:

1. costruire, prima di un'alleanza terapeutica, una motivazione,
2. contrariamente trovarsi di fronte ad una persona che richieda soluzioni salvifiche in una condizione di totale passività,
3. trovarsi di fronte ad una persona che lotta potentemente negando un bisogno di aiuto.

Tutto ciò può portare ad una difficoltà nell'instaurare un'alleanza terapeutica tra terapeuta e paziente, la quale è lo strumento conoscitivo e terapeutico essenziale.

Le Risposte Difensive che il terapeuta può mettere in atto, e che possono minare la possibilità di costruire una prospettiva di lavoro col paziente in crisi , sono: atteggiamenti di tipo operativo-efficientistico (eccesso di attività), atteggiamenti di tipo oblativo (difetto di attività), tecnicismo (con un'attenzione più rivolta alla patologia che alla persona), rimandare ad altri operatori.

La capacità di fronteggiare una situazione così difficile, anche dopo la fase iniziale della terapia, dipende da alcune variabili anche personologiche quali: la capacità di provare un sentimento di vicinanza emotiva verso pazienti gravemente sofferenti ma anche regrediti o verbalmente aggressivi e svalutativi, mantenendo una calda partecipazione in seduta; dalla personale capacità di tollerare la frustrazione, l'attesa, il sentimento di inutilità; dalla fiducia nella terapia , pensata anche in termini di condivisione , partecipazione e testimonianza , soprattutto quando il peso degli eventi e' particolarmente grave (Pavan, 2005).

Edwin Shneidam propone una psicoterapia orientata esclusivamente al rischio di suicidio e prende come costrutto psicologico "il dolore mentale". Lo scopo di questa psicoterapia è quello di alleviare il dolore che mette in moto le spinte suicidarie e, quindi di trattare la sofferenza dell'individuo prima ancora di occuparsi del rischio di suicidio che è un prodotto dello stato perturbato. Il terapeuta deve focalizzarsi sull'unicità della sofferenza del paziente. Il professionista deve far in modo di cambiare, anche in piccola misura, il concetto di insopportabile, in sopportabile e quello di intollerabile in tollerabile. Ogni terapia si deve adattare alle esigenze specifiche di ogni soggetto, non esistono canoni fissi da rispettare.

Un ruolo importante gioca l'alleanza con figure quali genitori o familiari del paziente. La maggior garanzia di successo nella terapia è la rete che si crea intorno all'individuo. Molto importante è adottare un atteggiamento che faccia sentire il paziente compreso e sostenuto emotivamente, ascoltandolo e dandoli suggerimenti (Pompili et al.,2008, pag. 185).

Shneidam suggerisce le seguenti caratteristiche tipiche del suicidio che possono essere utili per aiutare i soggetti a rischio:

1. *Stimolo (dolore insopportabile): ridurre il dolore;*
2. *Stressor (bisogni frustranti): soddisfare i dolori frustranti;*
3. *Scopo (trovare una soluzione): fornire una risposta alternativa;*
4. *Fine (cessazione della coscienza): indicare alternative;*
5. *Emozioni (holpelessness- helplessness): trasferire speranza;*
6. *Attitudine interna (ambivalenza): prendere tempo;*
7. *Stato cognitivo (costrizione): aumentare le opzioni;*
8. *Atto interpersonale (comunicare l'intenzione): ascoltare la richiesta, coinvolgere gli altri;*
9. *Azione (mettere in atto): bloccare le uscite;*
10. *Compatibilità (con schemi abituai): richiamare meccanismi di coping di successo usati in precedenza.*

(Pompili et al., 2008, pag. 187)

Shneidam propone delle manvore terapeutiche per i pazienti a rischio di suicidio:

- Stabilire una buona relazione con il paziente. Il terapeuta deve cercare di mettere il paziente in una tale condizione, in modo tale che quest'ultimo possa riproporre delle speranze nel professionista;
- Il terapeuta deve evitare di affiliarsi il paziente senza entrare in conflitto su tematiche riguardanti il suicido. Cercare di essere sulla stessa linea d'onda;
- Il terapeuta deve essere consapevole dei bisogni del paziente. I pazienti a rischio di suicidio necessitano l'alleviamento dal dolore psicologico sia con i farmaci che con le armi della psicoterapia.
- Cercare di far trasparire il proprio disaccordo riguardo ai pensieri suicidari del paziente senza entrare in discussione e dispute,

- È importante che il terapeuta organizzi risorse mobilitandosi a vantaggio del paziente. Deve favorire canali di comunicazione con i famigliari e, organizzarsi in modo tale che il paziente possa essere rintracciabile qualora il terapeuta si assenti, oppure contattando anche risorse sul territorio che possano svolgere un ruolo ausiliario nell'assistere il paziente;
- Il terapeuta deve essere molto vigile sulla situazione e su ciò che il paziente riferisce, valutando ciò che può mettere a rischio la salute dell'utente.

Lo sviluppo di una tecnica e l'esplicitazione di regole, sebbene con l'adattamento alle esigenze del paziente, deve rappresentare uno dei traguardi della psicoterapia del dolore. Però devono rientrare nel terapeuta delle caratteristiche come l'empatia, la comprensione della sofferenza umana, una buona capacità di introspezione non tutti i professionisti possono avere, e non tutti adatti a lavorare con soggetti a rischio di suicidio (Pompili et al., 2008, pag.191).

4.3 Progetto SOPRoxi

Il progetto SOPRoxi è stato ideato per offrire un sostegno alle persone che hanno avuto un lutto per suicidio. Il termine deriva dall'unione delle parole *sopravvissuti* e *prossimi*. Quest'ultimo indica il forte legame che esisteva con il defunto. Il progetto si pone l'obiettivo di individuare quelle persone che necessitano di un aiuto supplementare per superare il processo del lutto. In un primo momento il medico ha la funzione di assistere queste persone, individuando la necessità specifica dell'individuo in lutto e indirizzarli ad uno specialista. Dopo che sono state individuate le persone che hanno bisogno di un aiuto psichiatrico è necessaria una valutazione con strumenti clinici e psicometrici del disagio psicologico. E' importante individuare il livello di intervento necessario per quel tipo di soggetto, valutando il livello di gravità della situazione e un eventuale attività di sostegno. Per alcune persone è sufficiente alcuni incontri di approfondimento per riuscire ad affrontare i propri sentimenti riguardo al lutto, altri necessitano delle visite con lo psichiatra e l'utilizzo di farmaci.

La psicoterapia di gruppo è una buona risorsa per dare la possibilità ai sopravvissuti di aumentare le proprie potenzialità strategiche della psicoterapia individuale, potendo così far apprezzare al paziente il suo sviluppo e il mantenimento dell'incontro relazionale con gli altri.

4.4 La terapia cognitiva-comportamentale

La terapia cognitivo-comportamentale risulta essere efficace nel ridurre i comportamenti e sintomi presenti nei pazienti con crisi suicidarie, quali l'ideazione suicidaria, la depressione, l'hopelessness, la solitudine e tentativi di suicidio.

Il fattore principale di questo tipo di terapia è identificare i pensieri automatici prossimali e le credenze di base attive prima del tentativo di suicidio. Le strategie come l'homework, servono al paziente a sviluppare strategie di coping più adattive.

Il trattamento è mediamente di 10 sedute ed è suddivisibile in tre fasi: inizio (sedute 1-3), fase intermedia (sedute 4-7), sedute finali (seduta 8-10).

La prima fase del trattamento segue i principali punti quali: a) creare l'alleanza terapeutica, b) socializzare il modello cognitivo, c) creare insieme al paziente un piano di sicurezza per le crisi suicidarie e, d) concettualizzare i comportamenti suicidari secondo il modello funzionale cognitivo-comportamentale.

E' importante mantenere l'instaurarsi del rapporto, facendo raccontare dal paziente la propria storia, prestando attenzione alle differenze culturali e cercare di tenere dei contatti telefonicamente con il paziente in modo tale da ricordargli l'orario dell'incontro e, quando è necessario, contattare la persona tra una seduta e un'altra.

E' essenziale creare un piano di sicurezza per le eventuali crisi che il paziente potrebbe andare incontro. Il terapeuta e l'utente formano un progetto che è utile nei momenti di crisi. All'inizio può trattarsi di contattare i servizi di emergenza e successivamente può includere l'applicazione di strategie di coping apprese nel corso delle sedute.

Nella fase intermedia il compito è quello di modificare la strutturazione cognitiva e i comportamenti del paziente legati al tentativo di suicidio attuato. Le tecniche utilizzate dal terapeuta sono: creazione di cartoncini con una lista di comportamenti e pensieri alternativi (*coping cards*), la creazione di un kit di emergenza e l'apprendimento di strategie e abilità di coping. I cartoncini identificano le credenze di base dell'individuo e suggeriscono alternative rispetto al tentativo di suicidio, individuate da tecniche cognitive e comportamentali.

Il kit di emergenza può contenere foto, lettere e altri oggetti personali. Questo ha la funzione di aiutare il paziente a ricordare ciò che è stato appreso in seduta, nei momenti di crisi.

Le strategie di gestione delle emozioni negative da insegnare alla persona possono essere l'esercizio fisico, tecniche di rilassamento come il training di rilassamento progressivo di Jacobson o tecniche di controllo della respirazione. A livello cognitivo possono essere insegnate tecniche di distrazione o lo stop del pensiero, con lo scopo di bloccare per alcuni istanti i pensieri negativi e inserire i pensieri alternativi su cui si è lavorato in seduta. Per ritardare la crisi emozionale queste azioni devono essere messe nel piano di sicurezza, nelle primi voci della lista.

Tra le abilità di coping da insegnare al paziente, importante, è la gestione dell'impulsività. Queste serve a portare il paziente a pensare che la situazione di sofferenza è limitato nel tempo e che successivamente diminuirà di intensità. Un'altra strategia è legata all'insegnare al paziente a discriminare tra soluzioni a breve termine e soluzioni a lungo termine, gli impulsi sono solo una soluzione a breve termine. Insieme a queste strategie di ristrutturazione cognitiva, si progettano azioni durante la seduta, per gestire l'impulso quando diventa troppo forte quali dormire, telefonare, andare a visitare qualcuno ma anche chiamare il terapista.

La fase conclusiva della terapia ha come finalità il prevenire ricadute. Si chiede al paziente di immaginare una sequenza di eventi che può portarlo a tentare il suicidio, nel mentre il paziente deve ricordare pensieri e sentimenti che hanno suscitato un tentativo di suicidio nel passato. Successivamente dopo che la persona immagina queste scene deve adottare delle strategie di coping che ha imparato in seduta. Solo dopo che il paziente ha acquisito queste tecniche, il terapeuta potrà ritenere il concludersi della terapia. Il professionista deve far prendere coscienza all'utente che ci potrebbero essere ricadute successivamente e, ciò non significa il fallimento del lavoro svolto nelle sedute. Il terapeuta deve sensibilizzare il paziente a chiamare per avere una supporto professionale non nei momenti di crisi e, creare un piano per fronteggiare questa situazione.

Conclusioni

Partendo da una descrizione delle varie teorie riguardo all'argomento, secondo Freud, il lutto è la condizione in cui la persona si allontana dall'oggetto perduto con il quale ha fatto degli investimenti libidici.

L'approccio freudiano è importante perché distingue, da un punto di vi sta clinico, delle caratteristiche che riguardano il melanconico: la perdita dell'oggetto amato, il ritiro della libido dall'oggetto, la regressione narcisistica dell'Io alla fase orale, l'ambivalenza e la scissione dell'Io.

La Klein focalizza l'attenzione sulla pericolosità di un crollo del mondo interno della persona che ha perso un caro. Ogni lutto dell'età adulta rievoca, nel periodo infantile, esperienze di separazione dalle figure di attaccamento. Il lutto scaturirebbe il sentimento di dolore che porterebbe a delle fantasie inconsce della perdita, non solo della persona amata, ma anche dei suoi oggetti buoni. Ciò provocherebbe un nuovo instaurarsi di una posizione depressiva caratterizzata da angosce, sensi di colpa e, da sentimenti di persecuzione da parte di oggetti interni cattivi. Tali fantasie persecutorie renderebbero difficile la costruzione di rapporti interpersonali capaci di offrire conforto.

Attraverso la teoria dell'attaccamento Bowlby cerca di spiegare e analizzare la rottura dei legami affettivi dovuti a separazione, perdita e lutto. Nel pensiero di Bowlby importante è la tendenza alla ricerca della persona defunta da parte di chi ha subito la perdita insieme alla rabbia che questo prova per l'abbandono subito. Secondo il modello di Bowlby, l'elaborazione del lutto si articolerebbe in quattro tappe: la fase dello *stordimento,* la fase dello *ricerca e struggimento per la figura perduta,* la fase di *disorganizzazione e disperazione, e* l'ultima fase è quella della *riorganizzazione.* Il pensiero di Bowlby risulta importante, in particolare, nei modelli teorici del lutto perché sottolinea in campo analitico la centralità della relazione tra il soggetto che ha subito la perdita e le persone che hanno costituito e costituiscono le sue figure di attaccamento.

Nel modello sistemico il lutto viene considerato come una condizione naturale che fa parte del percorso di vita della famiglia, dove vengono attivati modalità di risposta che dovrebbero essere presenti negli individui e nei sistemi. Spesso questi meccanismi di risposta vengono ritardati da cause individuali, familiari o sociali.

M. Bowen, nelle ricerche sulla sua " Family Systems theory", include lo studio de comportamento della famiglia di fronte a un lutto e rimarca l'esistenza di un'onda di shock emozionale che si diffonde intergenerazionalmente provocando disturbi psicopatologici nei suoi interagenti, che spesso ne ignorano l'etiologia

J. Worden, con il modello dei compiti del lutto, riprese lo schema di Bowlby, modificando la prospettiva di base: evidenzia i singoli fattori nel processo di elaborazione del lutto come compiti da svolgere e non come fasi, l'individuo diventa attivo di questo processo e, non più passivo della sua esperienza di vita. Parkes insieme a Bowlby, adotta un approccio etologico al lutto che pone le sue basi nella teoria dell'attaccamento. Secondo tale approccio la morte rompe il legame di attaccamento che risulta essere fondamentale, alla base della vita relazionale. Moss idealizza un modello integrato di lutto familiare, in cui entrano in relazione l'aspetto individuale e quello familiare, evidenziando la loro interazione e i compiti divisi. L'autore indica come punto di partenza l'evento di morte e le sue caratteristiche. Le reazione all'evento si realizza a seconda delle percezioni cognitive del filtro individuale che dipende a sua volta dal: funzionamento della famiglia nucleare, storia familiare, condizionamenti culturali che determinano che cosa è accettabile in termini di lutto. Questo porta alla condizione in cui il sistema familiare percorre a feed.back questo processo, cambiando le interazioni familiari, modificandole continuamente e cambiando così le reazioni al lutto e, le strategie per affrontarlo. Questo consente un cambiamento attraverso il tempo.

Secondo la teoria esistenzialista del lutto, con la morte di un proprio caro entra in crisi il senso della vita, Campione espone una definizione quale: "il lutto è una crisi della presenza cioè una crisi della vita umana, considerata non come vita meramente biologica o soggettiva ma vita fornita di un senso che noi stessi abbiamo edificato e continuiamo ad edificare culturalmente con la nostra storia" . Il fine nella elaborazione del lutto è quello di superare il senso di vulnerabilità, invivibilità o di non-senso dell'esistenza.

Dopo una panoramica dei teorici che maggiormente hanno discusso questo tema, il lavoro viene spostato sul suicidio nel contesto culturale partendo dalla storia dell'Antico Testamento fino ad arrivare agli anno Novanta.

Nell'epoca dell'Antico Testamento i suicidi non venivano considerati come crimini e quindi non da punire da parte della cultura o della religione. Gli atteggiamenti si irrigidiscono nei primi tempi della Cristianità. Nel XVIII l'atteggiamento incominciò a cambiare. I giudici inglesi che avevano il compito di determinare le cause delle morti innaturali, cercavano di essere più indulgenti verso le vittime morte e vive. Il nuovo modo di vedere il suicidio non era più di vederlo come un crimine ma patologizzarlo. Nel periodo fascista in Italia, durante il nazismo, in Germania e nei paesi comunisti il suicidio era ufficialmente sparito anche come diagnosi di morte, incompatibile con un'immagine di razza forte o perché espressione di infelicità in una società dove per definizione il popolo doveva essere felice. Negli anni Sessanta del Novecento nasce il termine *postvention,* ossia tutte quelle iniziative con lo scopo di sostenere e affrontare il dolore dei familiari e delle persone vicine ai defunti suicidi, considerati ormai a tutti gli effetti vittime della scelta altrui di morire .

Dalla storia si evidenzia come questo tipo di lutto influenza il modo di rapportarsi agli altri e, ne è a sua volta influenzato. Il sistema familiare inoltre subisce un forte impatto. All'interno della famiglia le reazioni di ciascun individuo sono diverse e questo può provocare forti incomprensioni o conflitti. Tutt'oggi, il suicidio è un comportamento fortemente stigmatizzato. Questo marchio nasce dal contesto sociale e relazionale; una determinata condizione può essere percepita attraverso forme diverse di pregiudizio, che sviliscono non solo le persone che ne sono interessate, ma anche il gruppo sociale di appartenenza.

Negli ultimi decenni è stato verificato che la stigmatizzazione e l'evitamento sono comportamenti comuni ai sopravvissuti al suicidio, portando così, a una diminuita possibilità che queste persone chiedano aiuto o conforto per la loro sofferenza.

Molti autori concordano nel distinguere tre tipiche azioni che seguono ad un suicidio (sia all'interno della famiglia che all'interno della comunità): lo sviluppo della **colpa**; il bisogno di mantenere il **segreto sul suicidio** (in particolare coi bambini e con persone esterne alla famiglia); **l'isolamento sociale**.

I componenti della famiglia che attraversano un esperienza di lutto per suicidio da parte di un loro parente sono i sopravvissuti della vicenda. La perdita improvvisa, come in questo caso un suicidio di un caro, è violenta, inaspettata e dolorosa e, questo porta alle persone rimaste a pensare che potevano fare qualcosa per evitare l'accaduto. Il dolore psicologico che subentra dopo una morte di questo tipo, viene poi trasmesso ai parenti o agli amici della persona defunta. In alcuni casi gli stessi parenti divengono a rischio di suicidio se non seguiti da un sostegno esterno insieme a un programma di assistenza adeguata.

Nei sopravvissuti molte volte emerge **una mancanza del senso della vita** che porta a non aver più speranza, creandosi **un'ideazione suicidaria** di chi è rimasto, disfacendosi del dolore mentale che li tormenta. I sopravissuti che sono stati messi a confronto con persona che hanno perso un caro per altra causa, si distinguono da almeno tre importanti elementi: il contesto tematico del dolore; i processi sociali che circondano i sopravvissuti; l'impatto del suicidio sul sistema familiare

Come evidenziato da Boewn, la reazione delle famiglie di fronte alla morte può realizzarsi attraverso due distinte modalità: **sistema relazionale aperto, sistema relazionale chiuso.** Nel primo caso da la possibilità di avere un tipo di comunicazione aperta tra i membri della famiglia e con il mondo esterno, potendo così esprimere pensieri, sentimenti e fantasie interiori. Il secondo è un riflesso emotivo automatico che protegge il sé dall'ansia presente nell'altro

Come evidenziato da Charmet, le reazioni più diffuse e tipiche, conseguenti a un lutto per suicidio che influenzano fortemente la personalità del sopravvissuto, sono: dolore e tristezza, colpa per i propri impulsi di rabbia e distruttivi, paura di diventare distruttivi, sentimenti di colpa per essere sopravvissuti, paura di identificarsi con le vittime, vergogna rispetto al sentimento di impotenza e di vuoto, paura di ripetere il trauma, intensa rabbia verso la fonte del trauma.

Pangrazzi spiega che il normale processo per elaborare i sentimenti causati da un distacco di una persona cara si snoda in diverse vie : *la consapevolezza, la comprensione, l'accettazione, l'espressione, l'integrazione.*

"Anche se non c'è una risposta precisa su quando il sopravvissuto ha superato il suo cordoglio, in generale, si può affermare che la persona si sta riprendendo da un lutto quando sono presenti due segni quali (Pangrazzi, 1991, pag.83): la capacità di ricordare e di parlare della persona amata senza piangere o smarrirsi; la capacità di stabilire nuovi rapporti e di reimmergersi nelle sfide della vita".

Loperfido ha raccolto dei dati dalle storie di alcune persone, per l'analisi del vissuto da parte di un parente, in caso di lutto per suicidio e, si osserva come l'elaborazione del lutto dipenda da molti fattori quali: a) l'età del suicida, b) la fede religiosa, c) l'unione coniugale, d) la presenza di amici e parenti significativi, e) le proprie risorse interiori, f) il modo in cui, in passato, si sono affrontati altri lutti o altre perdite.

Esiste una condizione di lutto chiamata "lutto aggravato", il quale emerge molto spesso nei casi in cui la persona perde un caro per suicidio, proprio perché un tale fatto è difficile da accettare per chi rimane.

Il lutto aggravato è quella condizione in cui non c'è una evoluzione nella persona e il livello di elaborazione non prosegue verso un miglioramento.

Si possono distinguere quattro tipi di lutto aggravato: ***lutto esagerato, l***e paure associate al fatto diventano esagerate, a tal punto da diventare fobie, spesso fobie della morte e di tutto ciò percepito come legato a esso. ***Lutto perenne, è*** considerato molto lungo che può durare anche diversi anni. ***Lutto ritardato,*** associata a un'altra perdita a distanza di tempo, anche di gravità minore. ***Lutto mascherato, n***on viene manifestato il dolore e tutte le reazione emotive nei confronti della condizione di lutto. ***Depressione,*** la persona depressa può non avere la consapevolezza che la sua condizione attuale di malessere potrebbe essere causato dalla perdita subita molto tempo prima.

Secondo Sgarro, allo stato attuale si tende a diagnosticare un lutto traumatico quando sono presenti : tristezza intensa, rabbia, rancore, invidia degli altri felici, persistenti sensazioni di sbandamento e di shock; senso di inutilità, futilità di ogni cos e del futuro, evitamento di attività/luoghi che ricordano il defunto, oppure ricerca ossessiva degli stessi.

Di notevole importanza è il ruolo delle risorse individuali e ambientali del sopravvissuto in situazione difficili da fronteggiare come in questo caso il lutto. La resilienza e i fattori protettivi vengono visti come fattori in sviluppo, cosiddetti *"in progress"*, flessibili a cambiamenti di fronte a situazioni avverse che si possono superare per evolversi in stadi più evoluti della propria esistenza. Accanto alla resilienza, il costrutto dell'*hardness,* inteso come tratti di personalità idonei a fronteggiare al meglio gli eventi stressanti, riveste un ruolo importante per quanto riguarda i lutti.

Il terzo capitolo verte sulla descrizione del gruppo di auto mutuo aiuto. Esso risulta essere molto efficace e positivo per aiutare queste persone ne loro processo di elaborazione del lutto. Il Gruppo di auto- mutuo- aiuto (GAMA) è formato da un numero piccolo di persone che condividono le proprie esperienze, emozioni, sofferenze, condividendo lo stesso problema e si viene a creare, in base a questa condivisione, un' appartenenza al gruppo. Il principio fondamentale dei gruppi AMA è di focalizzare la propria funzionalità attorno a processi specifici. Tale focalizzazione permette una solidità ai processi per la risoluzione dei problemi. Gli obiettivi vengono prefissati dal gruppo, il quale detiene anche il compito di ideare strategie che possano portare a risultati. positivi. Il facilitatore riveste un ruolo importante all'interno dei gruppi, proprio perché, grazie alla sua esperienza e alla sua metodologia e, le sue capacità personali, consente la creazione del gruppo guidandolo attraverso la coordinazione degli incontri, la stimolazione dei partecipanti a parlare delle proprie emozioni, le difficoltà presenti in ognuno dei partecipanti e, le strategie per affrontare i problemi.

Attraverso il lavoro sperimentale che ho svolto, sono entrata in contatto con alcune associazioni per il lutto quali la Fondazione Ariodante Fabretti di torino e l'Associazione di Auto Mutuo Aiuto di Milano, entrambe si occupano dei gruppi AMA.

La **Fondazione Fabretti ONLUS** é nata nel 1999, per iniziativa della Società per la Cremazione di Torino. La Fondazione nasce con un taglio storico, prima non si parlava di morte e, solo negli ultimi anni si è ritornati ad una riflessione sulla morte stessa, sull'accompagnamento al lutto, nel 2008 e, sull'accompagnamento alla morte.

Il progetto si fonda su uno sportello orientativo e di ascolto, che aiuta i dolenti che si rivolgono a esso a scegliere la migliore strategia per gestire meglio il proprio dolore: i gruppi di auto mutuo aiuto, il volontariato, un'eventuale terapia individuale.

Gli obiettivi della Fondazione sono stati e sono tre principali versanti di attività. La **Ricerca:** è stata affrontata sia da un punto di vista storico che da un punto di vista sociale e cioè come viene simbolizzata la morte, come si pone la persona di fronte alla morte etc.... **Formazione:** dedicata a coloro che hanno un rapporto quotidiano con la malattia, la morte e l'estrema senilità, in ambito sanitario, socio-sanitario e funerario, pubblico e privato. **Sostegno al lutto:** attualmente è rivolto anche per i cittadini che devono affrontare la perdita delle persone care .

L'Associazione AMA Milano, Monza e Brianza sostiene diversi gruppi già attivi nell'ambito del lutto. Si sviluppano a partire dalla condivisione tra pari dell'esperienza di sofferenza, fornendo uno spazio e un tempo per darle voce, per comprenderla e, a poco a poco, ritrovare un senso e superarla; il confronto permette di far fronte alla difficoltà (emotive, relazionali e materiali) senza lasciarsene spaventare. L'obiettivo è quello di integrare nel presente la propria ferita del passato per affrontare il futuro (Associazione AMA Milano, Monza e Brianza).

Secondo una ricerca svolta dalla sociologa Debora Mantovani, in collaborazione con l'Università di Bergamo, è stato evidenziato che i gruppi di auto mutuo aiuto sono principalmente presenti nel Nord Italia. Questi gruppi nascono da problematiche di dipendenza da alcool e da tossicodipendenza, districandosi poi su altri tipi di problemi come disagio psichico, disturbi alimentari e disagio da malattie croniche fino ad arrivare al lutto che ha una parte minoritaria nei gruppi AMA. Il 66% dei gruppi sono presenti nel nord, sulle isole solo un 15, 4% e, nel centro il 18%.

Nella parte sperimentale ho svolto delle interviste prendendo in esame la tipologia di intervistatore ossia parenti di primo grado che hanno vissuto un'esperienza di lutto per suicidio.

Lo scopo era quello di mettere in luce, attraverso esperienze personali, le caratteristiche peculiari del vissuto psicologico dei sopravvissuti e, in alcuni casi, i loro atteggiamenti successivi riguardo alla loro condizione createsi con lo stigma. Dalle tre testimonianze che ho raccolto è emerso l'importanza di come la persona rimasta, vive il lutto in base alla storia antecedente all'atto e, alle caratteristiche intrinseche di essa nel rapportarsi successivamente al fatto. C'è chi non la vive come una cosa stigmatizzante e c'è chi invece si sente marchiata. C'è chi percepisce le persone esterne al lutto come incapaci di comprendere la situazione o di affrontare l'argomento, con il rischio che diventi un argomento **tabù**.

La mancanza del senso della vita e il senso di colpa sono i fattori peculiari riscontrati nelle interviste.

Importante è sottolineare l'aspetto della **non prevedibilità di un atto suicidario**. Spesso succede che determinati comportamenti che la persona ha, prima di togliersi la vita, non balzano all'occhio di chi gli sta intorno, solo dopo il suicidio, chi rimane cerca di ricostruire i pezzi antecedenti per capire il **"perché"** la persona è stata così distruttiva con sé stessa.

La famiglia diventa un contenitore importante di queste sofferenze. Ognuno però vive il lutto in modo differente. Se c'è una forte coesione e una comunicazione aperta si ha la possibilità di parlare della persona cara e, di condividere l'esperienza stessa che risulta significativa e posta sullo stesso piano emotivo tra i membri della famiglia. Viceversa, nel caso in cui non c'è comunicazione o poca.

La disperazione e il senso di essere paralizzata può innescarsi in chi vive un evento improvviso e imprevedibile.

La relazione con il defunto, le relazioni all'interno della famiglia, il tipo di supporto esterno sono uno dei precursori di come la persona potrà elaborare il lutto.

Nonostante tutto non c'è un limite di tempo per alleviare questa sofferenza, la persona, in base a tutti una serie di fattori che ho riportato dinanzi, può arrivare ad accettare la perdita, ma la cicatrice formatasi, rimarrà sempre aperta.

Da ciò che ho riportato nelle interviste, il supporto di un gruppo di auto mutuo aiuto è risultato essere molto utile. La possibilità di condividere sofferenze, emozioni e, pensieri con altre persone che hanno vissuto esperienze simili può aiutare la persona rimasta a una migliore riuscita nel processo di elaborazione al lutto.

Il facilitatore all'interno del gruppo riveste un ruolo molto importante, chi riveste questo ruolo è a uno stadio avanzato di accettazione del lutto, scaturendo dentro di sè anche il bisogno di aiutare il prossimo da una sofferenza analoga a quella provata dal facilitatore.

Nell'ambito della prevenzione suicidaria, rientra anche l'assistenza ai soggetti che hanno sperimentato la morte di un familiare per suicidio. In questo caso si tratta di soggetti a maggior rischio di suicidio ed in ogni caso portatori di una sofferenza che necessita di adeguate risposte: proprio a tale scopo sono sorte negli ultimi anni diverse esperienze di gruppi terapeutici per i sopravvissuti.

Nella letteratura è stato riscontrato che i sopravvissuti a un suicidio sentono il bisogno di chiedere aiuto e avere un supporto da un professionista, ma solo in pochi casi cercano o trovano adeguate fonti di aiuto.

Anche con la presenza di personale professionista sul territorio, il periodo tra il suicidio e la richiesta di aiuto è molto lungo. Questo dovuto sia a una scarsa conoscenza delle risorse da parte dei sopravvissuti e sia dalla scarsa divulgazione di informazioni e di supporto dal personale medico che lavora nel campo sanitario nei riguardi degli assistiti.

Uno degli interventi maggiormente funzionali, per gli individui che hanno avuto un'esperienza traumatica, è "la psicoterapia della crisi emozionale". Essa aiuta il paziente a sentirsi compreso attraverso la conoscenza degli specifici fattori cognitivi e emotivi che possono portare a un comportamento auto lesivo.

L'intervento professionale varia in base al tipo di lutto che la persona vive. Nel caso in cui il lutto non è complicato è sufficiente una consulenza che gli permette un miglioramento in tempo breve, nel caso invece di lutto complicato o sindromi depressive di rilevanza clinica è necessario l'impiego di interventi psicoterapeutici e, a volte farmacologici.

Edwin Shneidam propone una psicoterapia orientata esclusivamente al rischio di suicidio e prende come costrutto psicologico "il dolore mentale". Lo scopo di questa psicoterapia è quello di alleviare il dolore che mette in moto le spinte suicidarie e, quindi di trattare la sofferenza dell'individuo prima ancora di occuparsi del rischio di suicidio che è un prodotto dello stato perturbato. Il terapeuta deve focalizzarsi sull'unicità della sofferenza del paziente. Un ruolo importante gioca l'alleanza con figure quali genitori o familiari del paziente. La maggior garanzia di successo nella terapia è la rete che si crea intorno all'individuo. Molto importante è adottare un atteggiamento che faccia sentire il paziente compreso e sostenuto emotivamente, ascoltandolo e dandoli suggerimenti.

Un'altra tecnica terapeutica risultante efficace per le persone a rischio di suicidio è la terapia cognitivo-comportamentale che consiste nel ridurre i comportamenti e sintomi presenti nei pazienti con crisi suicidarie, quali l'ideazione suicidaria, la depressione, l'hopelessness, la solitudine e tentativi di suicidio. Il fattore principale di questo tipo di terapia è identificare i pensieri automatici prossimali e le credenze di base attive prima del tentativo di suicidio. Le strategie come l'homework, servono al paziente a sviluppare strategie di coping più adattive.

Per concludere uno dei progetti ideati per il sostegno al lutto maggiormente conosciuti è il progetto SOPRoxi, il quale è stato ideato per offrire un sostegno alle persone che hanno avuto un lutto per suicidio. Il termine deriva dall'unione delle parole *sopravvissuti* e *prossimi.* Quest'ultimo indica il forte legame che esisteva con il defunto. Il progetto si pone l'obiettivo di individuare quelle persone che necessitano di un aiuto supplementare per superare il processo del lutto.

Allegati

Intervista

1) Mi racconti la sua storia, partendo dal periodo prima dell'atto suicidiario?

2) Come lo ha vissuto l'evento ?

3) Quali sono state le emozioni più forti in quel momento?

4) Che spiegazione si è data a questo gesto?

5) Come hanno reagito gli altri componenti della famiglia?

6) Come è stata la situazione familiare dopo l'accaduto?

7) Come ha reagito con le persone esterne alla famiglia?!

8) Vi sono state malattie dopo il lutto?

9) Ha cercato auto? Se sì a chi?

10) Che tipo di aiuto gli hanno dato?

11) Ritiene che gli sia servito chiedere aiuto?

12) Se ha fatto parte di un gruppo di auto mutuo aiuto, mi vorrebbe raccontare la sua esperienza e il suo ruolo all'interno di esso?

Bibliografia

Aite C.L., *Il travaglio del lutto, 2002,* http://digilander.libero.it/mariabianchi/preparazione/morte_morire/travagliolutto.htm

Associazione AMA Milano, Monza, Brianza, www.automutuoaiuto.com

Campione F. (1990). *Il deserto e la speranza. Psicologia e psicoterapia del lutto.* Armando Editore.

Canevaro A., *Approccio trigenerazionale al lutto familiare.* In Child Development & Disabilities, www.scuolamaraselvini.it., Vol XXX - n. 4, 2004.

Catozzi L., (2009/2010), (a cura di), Centro Milanese di terapia della famiglia s.r.l., *I gruppi A.M.A. Auto mutuo aiuto per persone in lutto,* Milano.

Cazzaniga E., *La famiglia, la perdita e il lutto,* in Amadori D., Bellani M.L., Bruzzi P., Casali P.G., Grassi L., Morazzo G., Orrù W. In Psiconcologia, Masson, (2007).

Cazzaniga E., Noventa A., (2010), *Manuale dell'Auto Mutuo Aiuto,* Edizioni AMA Milano-Monza Brianza.

Charmet P.G., (2009), *Uccidersi. Il tentativo di suicidio in adolescenza,* Raffaello Cortina Editore

Krull S., (2008), *Come affrontare la perdita di una persona cara,* Edizioni il Punto d'Incontro.

Fondazione Ariodante Fabretti, www.fondazionefabretti.it

Gruppo Eventi, 2011, *Auto- Mutuo Aiuto, http://www.gruppoeventi.it.*

Loperfido A., Irti R., *La metamorfosi della sofferenza. Dopo il suicidio di un familiare,* (2005), EDB.

Marchetti T., (2012), *La famiglia di fronte alla perdita,* In www.humantrainer.com. Centro HT.

Messina S., La Cascia C., Nuccio L., (2003), *Suicidio... e poi? Famiglia e suicidio. I vissuti di chi resta,* http://www.afipres.org/atti/Volume **Suicidio**E poi.doc.

Novara A., Quadrino S., Sozzi M., (2011), *Prendersi cura del lutto,* Fonazione Ariodante Fabretti.

Pangrazzi A., (2006), *Aiutami a dire addio:Il mutuo aiuto nel lutto e nelle altre perdite,* Erickson.

Pangrazzi A., (1991), *Il lutto: un viaggio dentro la vita,* Edizione Camilliane.

Pavan L., (2005), *Alleanza terapeutica e "casi difficili" nella psicoterapia breve della crisi emozionale,* Atti del Congresso Nazionale. L'alleanza terapeutica, http://priory.com/ital/padova2004/MiottiMerlin.htm

Pirillo G., (2010), *I gruppi di mutuo aiuto nel lutto,* Edizioni Camilliane.

Pompili M., Tatarelli R., (2008), *Il suicidio e la sua prevenzione.* Giovanni Fioriti Editore, Roma,

Progetto Soproxi, *Stigma e disgregazione familiare,* http://www.soproxi.it/voglio-saperne-di-piu/lutto/stigma-e-disgregazione-familiare.

Progetto Soproxi, *Superare il lutto dopo un suicidio,* *http://www.soproxi.it/voglio-saperne-di-piu/come-affrontare-il-lutto*.

Sgarro M., (2008), *Il lutto in psicologia clinica e psicoterapia*, Centro Scientifico Editore.
Schutzenberger A.A., Jeufroy B. E., (2009), *Uscire dal lutto: superare la propria tristezza e imparare di nuovo a vivere,* Renzo Editore.

www.ingramcontent.com/pod-product-compliance
Lightning Source LLC
LaVergne TN
LVHW020654100826
845148LV00012B/2494

9781639022878